Les fabuleux pouvoirs des accords toltèques

Patrice **Ras**
Selon les enseignements de Don Manuel **Aquilo**

Les fabuleux pouvoirs des accords toltèques

Vivre ses accords au quotidien

jouvence
EDITIONS

Extrait du catalogue Jouvence

Morphopsychologie : le visage, miroir de la personnalité,
Patrice Ras, 2008
Les 12 animaux totems de l'astrologie chamanique,
Lucy Harmer, 2006
Apprivoisez votre animal totem, Lucy Harmer, 2006
La Marche de vision, Brandt Morgan, 2006
Prophéties toltèques de Don Miguel Ruiz, Mary Carroll Nelson, 2005
Au-delà de la peur, Mary Carroll Nelson d'après les enseignements de Don Miguel Ruiz, 2004
Chaman aujourd'hui, Serge Kahili King, 2003
S'ouvrir à l'amour et au bonheur, Don Miguel Ruiz, 2003
Pratique de la voie toltèque, Don Miguel Ruiz avec la collaboration de Janet Mills, 2001
Les quatre accords toltèques, Don Miguel Ruiz, 1999
La maîtrise de l'amour, Don Miguel Ruiz, 1999

Catalogue gratuit sur simple demande
ÉDITIONS JOUVENCE
Suisse : CP 184 – 1233 Bernex-Genève
France : BP 90107 – 74161 St Julien en Genevois Cedex
Mail : info@editions-jouvence.com
Site internet : **www.editions-jouvence.com**

ISBN 978-2-88353-839-9

Maquette de couverture : Dynamic 19, Thonon-les-Bains (74)
Composition : atelier weidmann, Versoix (Suisse)

Sommaire

Introduction

Si vous lisez ce livre, c'est que vous avez probablement lu *Les quatre accords toltèques* de Don Miguel Ruiz... Peut-être même avez-vous lu ses autres livres ? Si ce n'est pas le cas, nous vous conseillons de les lire **avant** de lire celui-ci. Et vous avez certainement apprécié ce(s) livre(s) au point de vouloir en savoir davantage... Toujours plus ! ? Quand quelqu'un (un auteur) ou quelque chose (un livre) répond à nos besoins profonds et non satisfaits, nous plongeons et devenons « accrocs »... Êtes-vous accroc aux accords toltèques, à la Toltequilla, au chamanisme, à la sorcellerie (du moins celle qui constitue une authentique voie spirituelle) ? Dans ce cas, vous devriez vous régaler avec ce livre-ci...

C'est que le discours des Toltèques est à la fois séduisant et rassurant. En fait, il est en phase avec l'évolution (ou l'involution ?) de notre société. Les Toltèques nous ramènent non pas en arrière, mais au plus profond de nous. Ils nous parlent de la nature, mais aussi de notre vraie place dans l'univers et de notre vrai pouvoir ici et maintenant. En clair, depuis Carlos Castaneda et quelques auteurs talentueux, les naguals sont devenus les nouveaux prêtres d'une spiritualité à mi-chemin entre sorcellerie et développement personnel.

Le propos de ce livre est donc double : tout d'abord, il s'agit de découvrir en quoi les accords toltèques sont universels et intemporels, la sagesse éternelle qui les traverse. De la même façon, il est question de savoir si la sagesse précolombienne qui sous-tend ces accords est originale et marginale ou si, au contraire, elle présente des ressemblances, voire des liens, avec les autres sagesses du monde. Poser la question, c'est évidemment déjà y répondre !

Dans les deux cas, qu'il s'agisse des accords toltèques ou de la sagesse précolombienne qui les sous-tend, nous chercherons des signes, des traces et des liens parmi les grandes religions du monde : l'animisme et le chamanisme, l'hindouisme et le védantisme, le bouddhisme, mais aussi le taoïsme et le confucianisme, ainsi que le polythéisme gréco-romain sans oublier les trois religions monothéistes : le judaïsme, le christianisme et l'islam.

Nous chercherons également si ces accords et cette sagesse n'apparaissent pas aujourd'hui à travers des techniques de développement personnel variées comme la sémantique générale et la PNL (Programmation neurolinguistique), l'AT (Analyse Transactionnelle) et ses dérivés (Process com), l'hypnose éricksonienne et ses dérivés (sophrologie), le Rebirth et la respiration holotropique, les méthodes de Carl Rogers, de Thomas Gordon et de Jacques Salomé, pour n'en citer que quelques-unes.

Dans un deuxième temps, nous vous présenterons un accord, celui de la synthèse toltèque (qui n'est pas enseigné dans toutes les filiations). Cet accord de synthèse toltèque – **Transforme tes problèmes en projets ou en processus d'apprentissage** – permet de relier les quatre premiers, de les dynamiser et de les faire travailler en synergie. Comme les autres accords toltèques, il est simple, clair, puissant et facile à comprendre.

Mais elle est difficile à appliquer. C'est pourquoi il est décliné dans quatre domaines-clés de la vie : un conflit, une décision difficile (hésitation), une mission impossible, un échec ou une déception. C'est pour la même raison qu'il est présenté sous forme d'exercice pratique : chacun des thèmes déclinés est illustré par deux exemples concrets (volontairement passe-partout). Ils sont assortis d'une batterie de questions précises. Vous êtes invité(e) à y répondre de façon authentique et spontanée. Si vous le faites, vous devriez pouvoir modifier votre perception de la situation et, ainsi, la situation elle-même.

Cette synthèse toltèque peut à elle seule changer votre vie : imaginez une vie, la vôtre, **sans problème**. La bonne nouvelle est que c'est tout à fait possible. Cette synthèse vous donne les moyens de changer votre regard afin de changer votre vie. Cela vaut la peine d'essayer, non ?

La particularité de cet ouvrage est qu'il est écrit à deux : Don Manuel Aquilo et Patrice Ras. Le premier est un nagual mexicain, le second un psychologue (au sens large) et un philosophe. Le livre que vous tenez entre les mains est le fruit d'une relation improbable entre leurs deux regards, leurs deux cultures, leurs deux métiers et leurs deux expériences.

Ce contraste (ce contrepoint ?) culmine dans la dernière partie de ce livre, au travers du « Dialogue avec le nagual ». Ce dialogue ou plus exactement ces dialogues (il y en a six au total) abordent la plupart des questions que se posent les apprentis (chamans) à propos du chamanisme en général et du chamanisme toltèque en particulier. Patrice Ras y joue le rôle du journaliste candide (mais pas trop !) afin de pousser Don Manuel Aquilo dans ses retranchements et de l'obliger à expliciter son enseignement. Nous avons conservé le style oral afin de préserver la fraîcheur des échanges et des réponses, au risque peut-être d'amenuiser la qualité littéraire du texte.

Il est possible que vous trouviez ces dialogues déroutants ou déconcertants. Nous espérons néanmoins que vous considérerez ces échanges (parfois de véritables passes d'armes !) enrichissants, instructifs et rares. Car des points de vue (apparemment) si divergents ne prennent pas souvent la peine de se confronter ! Et les naguals sont généralement plus enclins à garder le silence sur leurs expériences... Pudeur ? Discrétion ? Secret ? Les réponses de Don Manuel Aquilo sont des témoignages de tout premier plan.

Écrire un livre à deux est relativement compliqué : différence de styles, de rythme, d'objectifs, mise en perspective de points de vue différents, voire opposés... Néanmoins, la qualité de notre relation qui nous lie a permis de dépasser ces difficultés, sans avoir à « sacrifier » trop de choses, que ce soit au niveau du fond ou de la forme. Finalement, la rédaction de cet ouvrage nous a donné de grands moments de jubilation intellectuelle. Nous espérons que vous les sentirez et les partagerez...

Une dernière chose : les naguals sont pour la plupart des traqueurs, c'est-à-dire des chasseurs et des joueurs, des maîtres de l'illusion. C'est pourquoi ce texte comporte de nombreux sous-entendus, des non-dits, des allusions... Ainsi, vous pourrez le lire plusieurs fois et comprendre à chaque fois des choses nouvelles.

Bonne lecture !

Le vocabulaire du chamanisme

La magie. C'est une opération qui consiste à manipuler des forces naturelles invisibles et subtiles pour produire un changement réel et concret (par exemple une guérison), positif ou négatif.

La magie blanche. C'est une forme de magie « positive » au service des autres : guérison, guidance…

La magie noire. C'est une forme de magie négative et destructive au service des désirs égoïstes de certains : nuire à quelqu'un de différentes façons : neutraliser, blesser, tuer ou rendre esclave, s'approprier ses biens ou ses relations.

La sorcellerie. C'est le nom fréquemment utilisé pour désigner la magie noire ou discréditer la magie (christianisme) ou bien se protéger des religions officielles (par la peur).

La magie rouge. C'est la magie sexuelle, parfois confondue (à tort) avec le tantrisme. Le seul point commun entre ces deux pratiques consiste dans le fait de ne pas chercher à satisfaire ses désirs. Mais la magie rouge détourne l'énergie sexuelle pour accumuler du pouvoir et produire des prodiges en tous genres (cf. Aleister Crowley).

Le tantrisme. C'est une quasi-religion de l'Inde, basée sur des textes sacrés (les tantras) pour qui le sexe est sacré et permet l'accès au divin.

La magie verte. C'est un terme utilisé par certains chamans d'Amérique du Sud pour désigner toutes les opérations de magie basées sur les énergies de la nature (plantes, lieux, animaux…), qu'elles soient positives (guérir), neutres (voir, se déplacer) ou négatives (nuire à quelqu'un). En pratique, la magie verte négative est rare, exceptionnelle, à cause du « choc en retour ». →

Le choc en retour. C'est un « retour de manivelle », une réaction négative concrète et parfois violente qui peut aller jusqu'à la mort. C'est la conséquence du déplacement des forces naturelles, de l'ordre naturel des choses et du déséquilibre provoqué par la magie (même blanche).

Le chamanisme. C'est une forme de magie verte, une forme d'animisme.

L'animisme. C'est une religion très ancienne (voire la plus ancienne), associée aux sociétés primordiales injustement rebaptisées « sociétés primitives ». Pour cette religion de la nature, tout a une âme, chaque chose, chaque objet, chaque lieu, mais aussi chaque classe d'objets, d'animaux ou de lieux.

Les Toltèques. Ce sont des chamans ou des chamans mexicains, rassemblés en communauté pour partager leur savoir et leurs expériences.

Les naguals. Ce sont des chamans arrivés au terme (?) de leur parcours et autorisés à diriger et à enseigner les apprentis qui sont en cours de formation.

Le pouvoir. C'est la capacité de contraindre (Michel Foucault), d'imposer quelque chose à quelqu'un sur un plan politique, militaire ou policier, physique (la force), spirituel... En chamanisme, il désigne la capacité à contraindre la nature elle-même, à opérer des prodiges, à défier les lois de la nature. Il désigne aussi l'énergie subtile accumulable qui permet de réaliser ces prodiges.

La religion. C'est une réponse collective à la question spirituelle. Son but est à la fois d'unir (*religere*) et d'élever les masses. C'est une idéologie, une représentation collective, qui comprend des valeurs, une philosophie, une vision complète de la vie, une morale, des mythes et des rites.

Les différents types de religions

On a recensé 250 religions différentes (quasiment autant que d'états). Impossible de les énumérer toutes ! Elles sont souvent classées en fonction du nombre de dieux et ont évolué vers l'abstraction.

– **Animisme** : tout est divin.
– **Polythéisme** : il y a plusieurs dieux.
– **Monothéisme** : il n'y a qu'un seul dieu.
– **Athéisme** : Dieu n'existe pas.

Le panthéisme. C'est une forme d'animisme ou du moins la philosophie qui va avec, puisque *pan* signifie « tout ». Le philosophe Spinoza était panthéiste. Il a résumé sa position dans une formule célèbre : « *Deus sive natura* » (Dieu, c'est-à-dire la nature).

Le polythéisme. C'est la religion pour laquelle il existe de nombreux dieux, mais en nombre limité (contrairement à l'animisme).

Le monothéisme. C'est une religion qui ne reconnaît qu'un seul dieu. Le premier monothéisme est celui d'Akénathon pour qui Ra, le soleil, est à la fois le symbole et la source de toute vie. À sa mort, ses partisans ont été expulsés d'Égypte en Palestine : ainsi est né le peuple juif et le **judaïsme**. Plus tard, cette religion a connu de nombreux courants et prophètes. L'un d'eux, Jésus, a créé (sans le vouloir ?!) le **christianisme**, devenu la religion dominante de l'Occident. Puis l'islam est apparu et a conquis le Moyen-Orient, le Maghreb et d'autres pays…

Le déisme ou **théisme.** C'est la croyance en un (seul) dieu, sans reconnaître aucune religion ni dogme. →

L'athéisme. Ce n'est pas une religion, seulement le refus de tous les dieux, mais pas forcément de toutes les religions... (le bouddhisme est un athéisme, par exemple).

Le bouddhisme. C'est une religion sans dieu, élaborée par Bouddha en Inde, majoritaire en Asie.

Le zen. C'est une forme de bouddhisme japonais ascétique.

L'hindouisme. C'est la religion majoritaire de l'Inde, basée sur les Védas, les textes sacrés révélés aux hommes éveillés par Brahma. C'est un syncrétisme (une synthèse de religions et de traditions antérieures), dont le point commun est la triade divine : Brahma, Shiva et Vishnu et surtout le concept d'Ahimsa (non-violence).

Le védantisme. C'est une autre religion ancestrale de l'Inde, une tendance de l'hindouisme basée sur des textes sacrés, les Védas.

Le manichéisme. C'est à l'origine, c'est la religion de Manu (ou Manès) qui fit la synthèse d'autres religions antérieures en conservant une explication duelle (binaire) de la vie. Aujourd'hui, ce mot désigne une explication binaire et surtout caricaturale (vrai/faux ou bon/méchant).

Le zoroastrisme/mazdéisme. C'est une religion perse antique créée par Zoroastre (ou Zarathoustra, le modèle de Nietzsche). C'est la première religion dichotomique (duelle) : le monde résulte d'une lutte incessante entre la lumière (le bon dieu Ahura Mazdâ) et l'obscurité (le mauvais dieu Ahriman).

Le confucianisme. C'est la religion athée créée par Confucius dans la Chine ancienne, mais c'est aussi une philosophie morale et politique qui →

aboutit à la création d'un modèle de comportement social : la vertu, incarnée par l'élite du pays, les mandarins.

Le taoïsme. C'est une religion athée et contestataire de la Chine ancienne fondée par Lao-tseu (*Tao Te King*), pour qui le monde est un équilibre entre le yin et le yang, deux forces opposées, complémentaires et neutres moralement (contrairement au manichéisme et au monothéisme).

Une secte. Initialement et étymologiquement, c'est une branche d'une religion qui a fait sécession (*sectare,* « se couper de »). De ce point de vue, toutes les religions sont des sectes... d'autres religions antérieures. Mais aujourd'hui, une secte désigne plutôt une pseudo-religion à caractère manipulatoire (la scientologie par exemple).

Une loge. C'est une association à vocation spirituelle, pas aussi contraignante qu'une religion. Société « discrète » plutôt que secrète, elle comporte d'innombrables tendances : la franc-maçonnerie, la Rose-Croix, les Templiers, le catharisme, etc.

I. Des accords… toltèques ?

Premier accord : Que ta parole soit impeccable

Le premier accord toltèque est très simple, très pur, très beau, mais pas vraiment original… En effet, on retrouve cet accord dans un grand nombre de religions, sous forme de préceptes, d'injonctions, de commandements…

Les monothéismes : judaïsme, christianisme et islam

Un des dix commandements est : « La médisance tu banniras et le mensonge également. » Ce commandement montre l'importance que les Juifs et, plus tard, les Chrétiens accordent à la parole.

Bien que l'islam n'ait pas reproduit les commandements, il n'a jamais préconisé le contraire : Le Coran contient des lois islamiques qui sont appelées *hudûd* et qui définissent les six grands crimes : le vol, l'agression, l'empoisonnement, l'adultère, la fausse accusation d'adultère et le meurtre. Faut-il répéter que l'islam est le prolongement des deux autres religions monothéistes, qu'il reconnaît, ainsi que leurs prophètes, en particulier Abraham. Ces trois religions partagent donc une vision commune (avec des variantes) qui repose sur le respect de l'autre.

L'hindouisme et le bouddhisme

L'hindouisme, qui a beaucoup influencé le bouddhisme, est basé sur le concept central d'**Ahimsa**, souvent traduit par non-violence ou (mieux) non-nuisance. L'hindouisme et le bouddhisme sont par excellence des religions qui respectent la vie et l'autre. L'Ahimsa se décline dans tous les domaines de la vie : l'action, l'alimentation (végétarienne), la pensée et la parole. Dire du mal de quelqu'un ou nuire à quelqu'un (y compris de soi) en parole est donc proscrit.

Pour le bouddhisme, toute vie est souffrance, mais il existe un remède à cette souffrance : le Dharma (la voie) qui comprend l'Octuple Sentier (huit chemins menant à la libération). L'un d'eux est la parole juste (Samma vaca). Pour aller encore plus loin, les textes canoniques précisent de façon encore plus concrète ce que signifie cette parole juste, notamment à travers certains des **dix préceptes** :

- Éviter de dire des paroles mensongères.
- Éviter de dire des paroles blessantes.
- Éviter de dire des paroles inutiles.
- Éviter de dire des paroles calomnieuses.

Quatre des dix préceptes concernent la parole. C'est dire l'importance que lui accorde le bouddhisme !

Le confucianisme

Ce n'est pas à proprement parler une religion, mais plutôt une philosophie morale et politique. Néanmoins, la solution au problème politique (l'anarchie et la décadence de l'état chinois) est de nature morale : la création d'un modèle de comportement social tel que la vertu, et d'une caste de personnes s'y conformant, à savoir les mandarins (nobles lettrés). Car pour Confucius, le bien suprême est le Li, l'harmonie entre tous les êtres. C'est le Li qui permet de fixer les devoirs de chacun envers les autres (contrôle de soi, respect, dévouement, tolérance, fidélité, pardon, confiance), les divinités ou les ancêtres. Et le moyen d'y parvenir est le Ren (la bienveillance), principale vertu pour Confucius. Le parallélisme avec le christianisme est plus que troublant : bonté, respect et obéissance. Dans ces conditions, la parole vertueuse doit être évidemment pure.

La sémantique générale

C'est une des sources de la PNL, qui est beaucoup plus connue. Korzybski, un ingénieur polonais émigré aux États-Unis, s'intéressa aux sciences et se demanda pourquoi celles dites « exactes » progressent plus vite que les sciences humaines. Sa réponse est simple : c'est à cause du langage employé. Dans les sciences « exactes », les concepts sont définis une fois pour toutes et acceptés universellement. Mais en sciences humaines, chaque auteur définit son propre langage, créant ainsi son univers, ce qui ne permet ni la comparaison ni la construction d'un édifice commun. Korzybski s'intéressa ensuite aux relations entre les mots et les choses (sémantique) et découvrit alors que les mots créent les choses (les objets). Ce qu'il a découvert pour les sciences est vrai partout. Le langage est la matrice à travers laquelle nous regardons le monde (le film *Matrix* est la mise en images des thèses de Korzybski). Si vous n'en êtes pas convaincu(e), demandez-vous combien il y a de couleurs sur terre ? Trois ? Sept ? Une infinité ? Non, il y en a autant que de **mots** pour les désigner dans **votre** langue. Les mots découpent la réalité (ici, le spectre lumineux) en objets distincts. Autre question : combien y a-t-il de sortes de neige ? Une seule ? Deux en comptant la neige artificielle ? Pour un Inuit, il y en a 17, parce qu'il a 17 mots pour les distinguer. Vivant en permanence dans la neige, il lui est facile, voire nécessaire, de faire des distinctions plus subtiles que nous.

Quel rapport avec le premier accord toltèque ? Si les mots créent les choses (« Au commencement était le verbe »), alors toute parole est créatrice... ou destructrice. Tout sujet parlant est donc un chaman en puissance, qui lance des malédictions (« Tu ne réussiras jamais rien dans la vie ! ») ou des bénédictions (« Tu peux y arriver ! »). Les mots possèdent en effet un pouvoir particulier lié à l'apprentissage du langage (la domestication ?). Si l'on vous dit que vous allez réussir cet entretien d'embauche, vous visualisez automatiquement un entretien d'embauche réussi. L'inverse est tout aussi vrai : si l'on vous parle d'échec, d'erreur ou de maladresse, vous transformez ces mots en images, automatiquement. Mais cela va plus loin, car les images mentales produisent un effet comparable à des images de la « réalité » et pour cause, tout est filtré par le mental, tout est reconstruit dans le cerveau. Autrement dit, visualiser une scène de réussite produit dans votre corps la détente et le bien-être qui vous permettront de réussir. Tandis que visualiser un échec produit en vous la crispation et la tension... qui vous feront échouer. Korzybski a découvert que les mots agissent sur notre cerveau et déclenchent des émotions plus ou moins importantes. Ces émotions nous mettent sous tension, elles « électrisent » tout notre corps, car le corps se comporte comme un colloïde, puisqu'il est composé essentiellement d'eau. La parole est donc « magique », qu'elle concerne les autres ou nous-même. Il suffit que je pense, dise et répète (suffisamment de fois) une affirmation (positive ou négative) pour qu'elle devienne « vraie », réelle. Un « accord » est une vérité construite avec des mots à travers un pacte entre soi et soi – ce qui n'exclut pas la participation des autres, au moins en tant qu'observateurs.

La PNL et l'hypnose éricksonienne

La Programmation neurolinguistique a été créée par Richard Bandler et John Grinder en cherchant à modéliser la communication efficace sur des « maîtres » en communication comme Milton Erickson, l'inventeur de l'hypnose éricksonienne et le plus grand thérapeute de tous les temps (30 000 personnes accompagnées, soulagées ou guéries). Aux États-Unis, la distinction entre l'hypnose éricksonienne et PNL est quasi nulle, tandis qu'en France, elle existe et correspond au clivage : rationnel/irrationnel et entreprise/particuliers.

Le concept le plus connu de la PNL est celui du VAK(O) : Milton Erickson avait compris que chaque personne possède un canal sensoriel dominant parmi les trois suivants : **v**isuel, **a**uditif ou **k**inesthésique. L'**o**lfactif a été vite abandonné. Ce canal sensoriel dominant joue le rôle d'un filtre : pour influencer quelqu'un (vente, management, formation, séduction...), il faut lui parler dans son canal dominant, sinon le message « ne passe pas ».

Milton Erickson a découvert un grand nombre de choses sur la guérison, l'influence et le fonctionnement du cerveau. Par exemple que le cerveau, l'imagination et l'inconscient ne connaissent pas le signe « moins », la négation ou l'absence. Si quelqu'un vous demande de ne pas penser à un éléphant rose, vous pensez à un éléphant rose, même si vous ne le voulez pas, malgré l'interdiction. Autrement dit, le mot évoque automatiquement et irrésistiblement la chose. Il est donc inutile, inefficace, voire dangereux, de parler en négatif : Ne pas... Aussi les affiches et les messages enjoignant de ne pas de fumer donnent-ils, au contraire, envie de fumer (l'objet est évoqué). Répéter à longueur de journée des expressions comme « Pas de souci ! », « Pas de problème ! » est contre-productif, puisque le récepteur retient le mot central (ici, souci ou problème). Les coachs et autres managers qui utilisent des expressions négatives du type « Pas le droit à l'erreur ! Il faut arrêter de déconner ! » ou « Pas de panique ! » envoient leurs équipiers à l'échec.

Le Club Med l'avait compris, avec son célèbre slogan « Il n'y a pas de problème, il n'y a que des solutions ! » Si l'on veut bien communiquer, c'est-à-dire réussir à influencer les autres ou soi-même, il faut utiliser un langage positif et éviter de colporter des messages négatifs, que ce soit sur les autres ou sur soi-même.

Jacques Salomé

Faut-il encore présenter Jacques Salomé ? Ce pape de la communication a développé une méthode originale centrée autour de la clarté relationnelle. Il préconise en particulier de parler **à** l'autre plutôt que de parler **sur** l'autre. En d'autres termes, il propose de s'exprimer en disant **Je** plutôt que **Tu** (es comme ceci...). Parler sur l'autre est en effet presque toujours une forme d'agression (« Tu es nulle ! ») ou de manipulation (« Tu es belle... »).

La Communication NonViolente (CNV)

C'est la méthode de communication créée par Marshall B. Rosenberg, dans les années 1970 en s'appuyant sur les recherches du psychologue américain Carl Rogers, de l'économiste chilien Manfred Max-Neef et de la non-violence de Gandhi.

Selon Carl Rogers, les trois conditions nécessaires pour aider quelqu'un sont l'empathie, l'acceptation inconditionnelle et la congruence. Mais ces conditions peuvent s'appliquer à n'importe quelle situation de communication afin de la faciliter.

Selon Manfred Max-Neef, il existe neuf familles de besoins humains : les besoins du corps (bien-être, protection du corps), la sécurité, l'empathie et la compréhension, la créativité, l'amour et l'intimité, le jeu, le repos et la détente/récupération, l'autonomie, le sens et la spiritualité.

Le principe de la CNV :
Selon Thomas d'Ansembourg, une bonne communication (non-violente) doit respecter le schéma suivant :

Observation et description de la situation le plus objectivement possible.
Sentiment (en rapport avec la situation) : l'exprimer à l'autre.
Besoin : le clarifier et l'exprimer à l'autre.
Demande : faire une demande, ouverte de préférence, satisfaire le besoin.

Prenons l'exemple d'un retard à un rendez-vous :
Observation : Je t'attends depuis 30 minutes.
Sentiment : Je suis en colère après toi.
Besoin : J'ai besoin de me sentir respecté(e).
Demande : À l'avenir, je te demande d'être vraiment à l'heure.

Cet exemple montre comment se respecter (être à l'écoute de soi) tout en respectant l'autre : ne pas parler sur l'autre, laisser la porte ouverte à une réponse.

Cette parole est « impeccable » au sens toltèque du terme. Elle ne nuit pas à l'autre, elle n'est pas soumise, fuyante ou manipulatrice. C'est une parole « de pouvoir ».

L'IMPECCABILITÉ

Au sens strict, l'impeccabilité signifie l'absence de faute (*pecare,* « pêcher »). Cela fait immédiatement penser au christianisme... En fait, cette notion est une forme d'**intégrité** qui consiste à dire ce que l'on fait et à faire ce que l'on dit. L'intégrité se retrouve dans quasiment toutes les religions et toutes les cultures, y compris et surtout dans les cultures orales. On comprend d'ailleurs tout de suite l'intérêt de la chose : dans une culture orale, il n'y a ni contrat écrit ni preuve de quoi que ce soit. La seule façon de garantir un engagement est de donner sa parole (idéalement devant témoin). Mais pour que le système fonctionne, il est absolument nécessaire que chacun respecte sa parole. La confiance est à la base du système, l'exclusion de la communauté pour qui déroge à cette règle et l'intégrité comme soutien permanent du système. Cette intégrité est souvent transmise très tôt aux enfants qui, dès lors, la respectent sans même en avoir conscience. Cette valeur se retrouve également dans les groupes de tradition orale : les Berbères (bien qu'ils aient récemment créé un langage écrit), les enfants et les sociétés criminelles (mafias, triades...).

Ici l'impeccabilité de la parole est plus précise et signifie quelque chose comme : « N'utilise pas ta parole contre quelqu'un (y compris toi-même) ou contre quelque chose ! » Ne critique pas, ne « casse » pas, ne colporte pas de ragots. Car on peut faire beaucoup de mal et du tort avec sa parole (médisance, calomnie, diffamation). On peut se faire aussi beaucoup de tort indirectement. Et d'abord parce que le choc en retour est toujours possible : « La critique est comme le pigeon voyageur : elle revient toujours à son point de départ. » Mais aussi parce qu'en dévalorisant les autres, c'est nous-même que nous dévalorisons.

Deuxième accord : Ne réagis pas de façon personnelle

Cet accord est plus psychologique, plus spirituel, plus ésotérique aussi. Il n'est pas difficile à comprendre, mais tellement difficile à appliquer ! En effet, nous avons presque toujours tendance à prendre les choses de façon personnelle. C'est le rôle et la fonction de l'ego. Cette tendance est si profondément enracinée en nous qu'elle en paraît presque « naturelle ».

L'animisme

C'est probablement la première religion de l'humanité. Pour elle, tout est vivant, tout est sacré et tout est aussi important : un être humain, un animal, une plante ou une pierre. Pour l'animisme, il n'y a que des forces, des pouvoirs et il n'y a pas lieu de s'offusquer de quoi que ce soit, ni de voir des mauvaises intentions derrière les événements, les actes ou les paroles d'autrui : il suffit de s'en protéger, comme on se protège d'un moustique qui cherche à nous piquer. Ce faisant, il accomplit sa mission et la nôtre est de l'éviter...

Le chamanisme

C'est le prolongement de l'animisme, de façon peut-être plus structurée. Le chamanisme enseigne à être en harmonie avec la nature, la vie, les autres et soi-même. Dans ce cadre, il est évidemment totalement inutile et déplacé de « prendre » pour soi ou, plutôt, contre soi les événements de la vie : ce ne sont que le résultat de forces impersonnelles et parfois aveugles. La seule chose à faire consiste à accumuler assez de pouvoir (d'énergie) pour éviter les événements néfastes ou surmonter les épreuves. Or les réactions « personnelles » épuisent notre énergie et nous mettent en dépendance vis-à-vis de l'extérieur. Cela est inconcevable et inacceptable pour un chaman !

La sémantique générale

Pour la sémantique générale, les choses sont créées par les mots. C'est une autre façon de dire que les choses n'ont pas d'existences intrinsèques, objectives et absolues. Aussi incroyable que cela puisse paraître à un homme moderne « normalement » constitué (c'est-à-dire domestiqué), les choses n'existent pas en dehors de nous, ni sans nous.

Prenons en exemple la chaleur. En ce moment, avez-vous chaud ou froid ? Si vous avez chaud, vous avez tendance à croire qu'il fait chaud, car votre sensation vous induit en erreur en vous faisant croire que la chaleur est à l'extérieur. En réalité, dans le monde extérieur, il ne fait ni chaud ni froid. La seule chose que l'on peut dire est que la température extérieure est de 22 ou 23 degrés en ce moment, à l'endroit où vous êtes. La chaleur est une sensation qui se trouve à l'intérieur d'un corps, le vôtre ou le mien. C'est pourquoi nous n'avons pas tous également chaud dans la même pièce. Actuellement, il fait 18 degrés dans la pièce où je me trouve. Je n'ai ni chaud ni froid, bien que je sois plutôt frileux, parce que je porte un pull en cachemire. La chaleur (sensation) est donc une réaction interne et subjective à la température qui est un phénomène extérieur et objectif.

Prenons maintenant l'exemple de la beauté. On a coutume de dire que la beauté est subjective et c'est vrai (du moins en grande partie). Mais avez-vous vraiment pris la mesure de ce phénomène ? Par exemple, vous regardez un coucher de soleil et vous trouvez cela beau, ainsi que tous les gens qui sont à côté de vous. Qu'est-ce que cela prouve ? Rien ! Il suffit qu'une seule personne n'apprécie pas ce coucher de soleil pour montrer que la beauté est un sentiment qui se situe dans votre cerveau (à partir d'une image).

Continuons... Quel bruit fait un téléphone qui sonne dans une pièce vide ? Réponse : aucun ! Cela vous étonne ? Pourtant, réfléchissez : qu'est-ce qu'un bruit ? C'est la transformation d'une onde dans le cerveau, grâce à une oreille. Donc, s'il n'y a pas d'oreille pour transformer l'onde en bruit dans la pièce, il n'y a pas de bruit... juste une onde !

Dernier exemple : y a-t-il encore de la lumière quand tout le monde quitte la pièce ? Non, évidemment. Et ce pour les mêmes raisons que précédemment : la lumière est la transformation d'une onde dans le cerveau grâce à un œil. S'il n'y a plus d'œil, il n'y a plus de lumière.

Que tirer de ces exemples déroutants ? Que ce que nous avons l'habitude de prendre pour **LA réalité objective** n'est sans doute que **notre réalité subjective**. Et surtout que la réalité est une construction de notre cerveau : toutes les perceptions sont filtrées et reconstruites dans le cerveau.

Qu'en est-il alors de l'objectivité, scientifique ou non ? Que prouve le fait que plusieurs personnes perçoivent la même chose (même sensation) ? Pas grand-chose en vérité, si ce n'est qu'elles sont effectivement **d'accord** sur cette perception. La réalité objective n'est qu'un **accord** entre les membres d'un même groupe (qui peut englober l'humanité toute entière). Ainsi, les anciens animistes étaient d'accord pour considérer que la nature toute entière leur parlait, et cet accord permettait une expérience qui le renforçait. Puis d'autres peuples (polythéistes) se sont mis d'accord sur le fait que certains êtres (les dieux) avaient plus de pouvoir que d'autres et c'était tout aussi réel. Puis, plus récemment, d'autres humains (monothéistes) ont décrété qu'il n'y avait qu'un seul Dieu, qui est devenu le seul dieu réel. Enfin, d'autres humains (les athées) ont décrété que Dieu n'existait pas et ils ont en quelque sorte « supprimé » Dieu, qui n'existe réellement pas pour eux. Qui a raison ? Qui a tort ? Chacun vit dans **son** monde, pas dans **le** monde. L'être humain est un escargot qui emporte son univers partout avec lui. C'est ce qui explique les revirements incessants de vérité. Pendant longtemps, on était sûr que la Terre était plate, qu'elle était le centre du monde. Aujourd'hui, on est sûr du contraire. On croit à la théorie du Big Bang et de l'évolution... quoiqu'une découverte récente (*Science et avenir* de janvier 2010) semble indiquer que c'est le singe qui descend de l'homme et non l'inverse.

Que signifie pour la sémantique générale le fait de réagir personnellement, de prendre les choses à cœur, les événements pour moi ou, plus souvent, contre moi ? C'est tout simplement une erreur de perception. Penser : « Pourquoi cela m'arrive **à moi** ? » ou dire : « Pourquoi tu **me** fais ça ? » suppose en effet une intention dirigée contre moi. Ce qui est évidemment une forme d'égocentrisme, une tendance à tout ramener à moi, y compris et surtout ce qui n'est pas dirigé ou orienté vers moi. Nous savons tous que les événements sont neutres et arrivent selon les lois de la probabilité que nous appelons le *hasard*. Mais nous avons du mal à accepter cette idée et à renoncer à notre égocentrisme.

De même, si mon conjoint me critique, me quitte ou me trompe, je risque d'avoir du mal à ne pas le prendre personnellement. Pourtant, au fond de nous, nous savons tous que les autres ne font les choses que par rapport à **eux** et non à nous. Si mon conjoint me critique, me quitte ou me trompe, ce n'est jamais pour « **me** faire du mal », mais toujours pour **se** faire du bien (à lui). Ce n'est jamais dirigé contre nous, mais nous préférons cette pensée qui flatte notre ego (égocentrisme), au détriment de notre bonheur.

Sur un autre plan, dans un conflit, nous avons tendance à percevoir ce que l'autre nous fait ou nous a fait... en oubliant ou en passant sous silence ce que nous lui faisons. Ainsi, nous nous vivons comme une victime de l'autre, sans percevoir que nous sommes aussi probablement le bourreau (il est rare que nous restions sans réagir et tendions l'autre joue). Mais notre réaction nous semble justifiée parce que l'autre a commencé et nous a causé un préjudice que nous avons le droit de venger. Dans la quasi-totalité des conflits, chacun se vit ainsi comme subissant (unilatéralement) l'autre. La relation est souvent décrite sur le mode de la causalité (il me fait du tort), alors qu'un observateur neutre décrit le conflit comme une danse négative sur le mode de la circularité (A agresse B qui agresse A, etc.).

Le bouddhisme

Une des trois caractéristiques de l'existence est l'impersonnalité : il n'y a rien qui ait une existence indépendante et réelle en soi. Par conséquent, prendre les choses de façon personnelle est absurde. De plus, l'ego est également impermanent et inconsistant, c'est une illusion. Dès lors, le but est de s'en détacher le plus possible.

Bouddha est souvent appelé l'« Éveillé » et le bouddhisme prône l'éveil comme le but ultime de nos vies sur terre. Ceci revient à dire qu'éveillés, nous ne le sommes pas. Au contraire, nous sommes comme endormis, tous, plus ou moins. Par conséquent, si quelqu'un nous fait du tort, c'est qu'il est endormi... et nous aussi ! Nous avons construit ensemble, sur la base de l'ego, un cauchemar en commun.

Examinons la première partie de cette découverte : ceux qui nous font du mal sont endormis. Cela paraît surprenant : les autres nous paraissent pourtant « conscients ». Mais le sont-ils vraiment ? Rien n'est moins sûr : l'ego les aveugle et déforme la réalité comme un brouillard. Pour un éveillé, la réalité est que nous sommes tous un seul et même être, un peu comme les doigts de la main sont à la fois séparés (les doigts) et unis (la main). Un peu comme la goutte d'eau et l'océan. Le voile de l'ego nous empêche de voir l'océan au-delà de la goutte. Un être éveillé ne peut plus nuire à quelqu'un, du moins consciemment.

Exercice

Listez sur une feuille de papier tous les torts qu'on vous a fait (Ne criez pas : il n'y en a pas tant que cela !). Précisez bien **qui** vous a causé chaque tort et **quand** (date approximative). Puis examinez chaque tort en vous mettant à la place de son auteur : s'agissait-il d'une erreur involontaire (quelqu'un vous a blessé(e) ou déçu(e) sans le vouloir ni peut-être même sans le savoir) ? S'agissait-il d'une réaction à autre chose (un autre tort commis par vous ou quelqu'un d'autre) ? Ou s'agissait-il d'une décision libre et éclairée ? Si vous répondez par la dernière explication, c'est que vous êtes encore dans la confusion de l'ego. Faites-vous aider par quelqu'un d'autre !

Car aucun être humain « sain » ne veut la souffrance de son prochain. Seule la souffrance (frustration, colère, haine, avidité, peur, etc.) nous incite à répondre de façon mécanique et souvent disproportionnée. Seul l'ego peut nous faire croire que la souffrance d'autrui atténuera la nôtre. Seul l'ego peut nous manipuler en habillant notre rancune et notre désir de vengeance en « justice ».

Troisième accord : Ne fais pas de supposition

Cet accord est clairement dirigé contre notre tendance à tout interpréter. Mais c'est un accord à double sens puisqu'il s'applique aux deux partenaires de toute relation : tout d'abord, ne fais pas de supposition concernant autrui (ce qu'il veut, ce qu'il pense, ce qu'il ressent) et ne laisse pas autrui supposer des choses sur toi (tes besoins ou envies, tes émotions, tes pensées). Dans le premier cas, cet accord incite à vérifier ce qui se passe chez l'autre, par exemple en posant des questions ouvertes. Dans le deuxième cas, il incite à exprimer clairement à l'autre son vécu.

La méthode Gordon

Cet accord correspond bien à la méthode Gordon. En effet, cette méthode postule qu'il n'y a pas de communication fructueuse sans expression et partage des besoins de chacun. Puisque nos besoins sont nos moteurs dans tous les domaines de notre vie (en ceci Gordon s'appuie sur les travaux de Maslow), ils interviennent à la fois comme but (communiquer pour obtenir telle ou telle chose) et comme moyen (communiquer pour satisfaire le besoin de communication). Exprimer clairement ses besoins est la seule façon de satisfaire chacun et de construire une relation satisfaisante et durable. Il faut s'obliger à les exprimer à l'autre et obliger l'autre à nous les exprimer. Le domaine où cet accord est le plus important est bien évidemment le couple. Le couple est le lieu de tous les sous-entendus et de tous les malentendus.

Les premiers génèrent souvent les seconds. Ainsi, par exemple, la femme attend que son conjoint lui souhaite son anniversaire de telle ou telle façon. Mais elle ne le lui exprime pas sous le prétexte qu'il devrait savoir. Résultat : il oublie et elle est frustrée, ou bien il lui offre des fleurs alors qu'elle attendait autre chose. Mais derrière ses désirs, quels sont ses besoins ? Elle ne le sait pas vraiment ! Il est vrai qu'elle a plutôt tendance à s'occuper des besoins des autres : ses enfants, son conjoint, sa famille, etc. Qu'en est-il du côté de l'homme ? C'est plus ou moins la même chose, mais d'une autre façon ou sur d'autres sujets. Un certain nombre ont des désirs sexuels importants (plus importants que les femmes !) et en tout cas plus spécifiques (par exemple, faire l'amour de telle ou telle façon). Si la femme n'accepte pas de satisfaire ses désirs, l'homme se renferme dans sa caverne, puis va voir ailleurs (maîtresse ou prostituée). Mais l'homme est-il conscient de son besoin, au-delà de son désir ? Rien n'est moins sûr !

Si l'on veut éviter l'accumulation des frustrations, les rancœurs et les rancunes, les conflits et les crises, il est impératif de s'interroger sur ses besoins et de les exprimer à son conjoint... qui peut alors commencer à réfléchir à la façon dont il peut ou veut les satisfaire. De plus, c'est souvent en discutant, en échangeant que les idées nouvelles émergent...

Jacques Salomé

Comme Gordon, il prône une communication basée sur le **je** et non sur le **tu** ou le **on**. C'est avec **tu** et **on** que nous **tuons** la communication. Mais Jacques Salomé a inventé un concept tout à fait intéressant pour notre sujet. C'est celui de **répression imaginaire.** Il signifie que nous avons tous (plus ou moins) tendance à anticiper les réponses de l'autre, comme si nous étions à sa place... Sauf que nous ne sommes pas à sa place, que nous ne le connaissons jamais vraiment et que nous avons évidemment tendance à projeter **nos** réactions sur l'autre. En fait, nous prêtons nos pensées, nos émotions et nos réactions à l'autre, comme si nous étions pareils. La répression imaginaire consiste à s'interdire de demander quelque chose à quelqu'un sous le fallacieux prétexte que nous connaissons sa réponse (forcément négative). L'imaginaire est au service du négatif : déni, autocensure, refoulement ou autre refus. Jacques Salomé nous invite donc à **oser** proposer, demander et exprimer nos envies, émotions ou sentiments, en laissant à l'autre la place qui est la sienne : répondre et réagir en fonction de ses besoins et envies... que nous ne connaissons jamais complètement (même si, avec le temps, nous connaissons de mieux en mieux notre partenaire).

Le piège de la répression imaginaire, c'est la logique. En effet, tout se passe comme si nous faisions le raisonnement suivant : il est en colère, **donc** si je lui demande tel service, il va forcément me le refuser. Ou encore, la dernière fois que je lui ai demandé quelque chose d'équivalent, il me l'a refusé, **donc** ce n'est pas la peine que je le lui redemande (il va me répondre de la même façon). Sauf que la vie n'est pas logique, que les comportements humains ne le sont que rarement et que **la** logique est toujours **la mienne** (celle de celui qui raisonne). Autrement dit, la logique n'est qu'une forme de raisonnement qui repose entièrement sur des présupposés. Et ces présupposés, ces postulats sont ceux de la personne qui raisonne et ils justifient sont point de vue... qui est forcément différent de la personne à qui je pense.

Que se cache-t-il derrière cette répression imaginaire ? De la peur, tout simplement ! Des peurs, des dizaines de peurs tapies dans l'ombre : la peur de demander pour commencer. La peur de la réponse de l'autre. La peur du refus. La peur du rejet surtout. Beaucoup de gens confondent d'ailleurs ces deux réponses, pourtant très différentes : le refus et le rejet. Le refus n'est qu'une réponse négative à **une demande** particulière, faite à un moment donné par une personne donnée. Le rejet est celui de la **personne** même.

Il y a un monde entre ces deux réponses, mais beaucoup de gens et surtout de femmes (constat établi à partir de 20 ans de pratique professionnelle !) les confondent et prennent sur eux ou plutôt contre eux ce qui n'est qu'une réponse à une demande.

Carl Rogers

Ce grand humaniste n'est pas très connu du grand public, pourtant son influence fut énorme et son héritage s'est inscrit profondément dans notre culture : la valorisation de l'écoute, les concepts d'empathie, de congruence et celui de non-directivité. La CNV (Communication NonViolente) lui doit également beaucoup. Or que dit Carl Rogers ? Que les thérapies les plus efficaces sont celles qui reposent sur une attitude particulière du thérapeute : c'est l'approche centrée sur la personne. Pour lui, le thérapeute ne sait jamais ce qui se passe chez son client, ni ce qui est vrai ou bon pour lui (attitudes de pouvoir). Il ne doit pas interpréter (contrairement au psychanalyste) les propos et comportements de son client, ni lui prescrire une solution comme un médecin ou un consultant. La seule personne qui sait ce qui se passe et ce qu'il convient de faire, c'est le client lui-même... même s'il ne le sait pas, embrouillé par les discours et les savoirs des uns et des autres. Un thérapeute ne doit **jamais** supposer quelque chose à l'égard de son client.

Cela paraît aujourd'hui presque évident, mais Carl Rogers a dû « ramer » à contre-courant pour démédicaliser la psychothérapie. La question qui se pose alors est la suivante : comment éviter de faire des suppositions (qui sont toujours inutiles ou dangereuses) ? Selon lui, le thérapeute dispose de quatre types de réponses (mais n'importe qui peut les utiliser, évidemment !) :

- **Le silence.** C'est sans doute la réponse la plus difficile pour un Occidental : nous avons probablement une peur viscérale du vide et nous sommes incapables de rester longtemps sans parler en présence de quelqu'un. Et pourtant, le silence crée un espace et une liberté pour l'autre, ce qui lui permet de se dire sans être coupé, contrarié ou jugé.

- **Le questionnement.** Cette réponse est plus facile, notamment pour certaines professions habituées à questionner : médecins, policiers, journalistes, consultants et conseillers en tous genres. Mais questionner est un art qui consiste à choisir le type de questions adaptées à la situation. Pour faire simple, on distingue souvent quatre types de questions :
  - ***Les questions ouvertes :*** Que voulez-vous ? Quel temps fait-il ? Elles offrent un large panel de réponses possibles.

- ***Les questions fermées :*** Voulez-vous être libre ou non ? Elles « enferment » généralement le récepteur dans une réponse prédéterminée : oui ou non.
- ***Les questions alternatives :*** Vous préférez travailler seul(e) ou en équipe ? Ce ne sont qu'une variante des questions fermées.
- ***Les questions interro-négatives :*** Ne pensez-vous pas que… ? Elles contiennent la réponse et l'orientent considérablement. Elles sont considérées comme inefficaces, manipulatrices ou malhonnêtes. Elles sont à éviter !

– **La reformulation.** Cette réponse est totalement inhabituelle et presque contraire à nos habitudes. C'est pourtant un excellent remède contre la tentation d'interpréter et de faire des suppositions ! Car la reformulation permet à l'émetteur de s'entendre (un peu comme un miroir sonore) et de confirmer ou, au contraire, de rectifier le tir. Car il est rare que l'on arrive à dire exactement ce que l'on veut dire, *a fortiori* du premier coup.

– **L'expression.** Tout d'abord, dans la relation d'aide et dans l'écoute en général, il vaut mieux parler peu et le plus tard possible. Néanmoins, ne rien répondre à quelqu'un peut accroître le désarroi de la personne écoutée. Il peut être judicieux de parler… mais de qui ? En fait, cette réponse n'est utile que si l'émetteur parle de lui (je suis peiné d'apprendre que vous vous maltraitez !) et est congruent (c'est-à-dire authentique). Cette démarche inclut la communication du **je** de Jacques Salomé et de Thomas Gordon.

Quatrième accord : Fais toujours de ton mieux

« Le guerrier dispose aussi de la pleine conscience de sa mort prochaine et fait de chaque acte une ultime bataille, dans laquelle il se doit de donner le meilleur de lui-même. »
Victor Sanchez

« Je ne suis pas parfait ; tu n'es pas parfait ; et c'est parfait. »
Virginia Satir

Cet accord est en fait beaucoup plus subtil qu'il n'y paraît. Il signifie en fait deux choses différentes, presque opposées :

- Donne le meilleur de toi-même dans tout ce que tu fais, bats-toi **à fond** !
- Ne cherche pas la perfection, fais **seulement** de ton mieux ! (« À l'impossible, nul n'est tenu ! »)

Paradoxe ? Peut-être... En fait, il s'agit d'équilibrer l'action : ni trop ni trop peu. La clé de ce paradoxe est **le temps**. Tant que l'échéance n'est pas arrivée, vous pouvez et devez vous battre (comme un guerrier) et vous investir à fond comme si c'était votre dernier projet, votre dernière bataille. Mais une fois le délai achevé, le résultat arrivé ou annoncé, vous ne **pouvez** plus agir en vue de modifier le cours des choses. C'est pourquoi il ne vous reste qu'à lâcher prise et accepter ce résultat, qu'il soit conforme ou non à ce que vous attendiez. Et par-dessus tout, refuser de céder à la tentation des **si** : si j'avais su, si l'on m'avait donné plus de temps, si l'on m'avait expliqué avant...

Prenons l'image d'une montagne. La partie montante symbolise l'effort et la montée, l'investissement et la lutte. Le pic ou la crête symbolise le moment précis du délai (remise de copie ou de rapport, etc.). Enfin, la partie descendante symbolise la période qui suit l'annonce des résultats et, par conséquent, le lâcher-prise.

L'Analyse Transactionnelle

L'Analyse Transactionnelle (souvent appelée AT) a été créée par Éric Berne, un psychiatre et psychanalyste américain à qui l'armée américaine avait demandé de rédiger un manuel de psychanalyse. Et c'est en traduisant les trois instances de la deuxième topique de Freud (le ça, le moi et le surmoi) en trois états du moi (enfant, adulte et parent) qu'il a vraiment inventé sa technique.

L'Analyse Transactionnelle comporte un outil qui correspond parfaitement à cet accord : les drivers. En effet, un des élèves d'Éric Berne, Taibi Kahler, a découvert ces drivers qui sont des injonctions très particulières. Une injonction est quelque chose entre une demande et un ordre. Exemple : Fais ceci ! Ne sois pas comme cela ! Dès notre plus jeune âge et jusqu'à l'âge adulte, nous recevons et subissons des milliers d'injonctions de la part de nos éducateurs : parents, professeurs, patrons... Puis, lorsque nous sommes adultes, nous les intériorisons.

Parmi toutes ces injonctions, cinq sont à la fois universelles, inconscientes et permanentes. Ce sont nos drivers, des « tuteurs » structurants, mais étouffants par la suite, des automatismes qui nous aliènent et nous contrôlent, des parasites au sens le plus strict du terme. Les voici :

– **Sois rapide** !
Si vous êtes parasité(e) par ce driver, vous occupez un poste où il faut aller toujours plus vite : commercial, dirigeant, professionnel libéral (médecin, par exemple). Vous courez toute la journée, manquez toujours de temps et avez toujours trop d'activités et de projets en tête. Peut-être avez-vous peur du vide ? Vous détestez être en retard chez un client ou des amis, mais vous calculez toujours un peu juste, ce qui génère en vous un stress terrible. En réalité, vous êtes « drogué(e) » à la vitesse (et pas seulement en voiture) et vous trouvez toujours un prétexte pour la justifier.

– **Sois gentil** !
Si vous êtes parasité(e) par ce driver, vous êtes agréable à regarder et à vivre. Vous aimez les gens (en particulier les enfants) et les animaux qui vous le rendent bien. Heureusement, car le manque d'amour (ses manifestations) vous panique complètement. Serviable, compréhensif(ve), doux(ce), vous travaillez dans le social ou l'aide aux plus faibles : enfants, troisième âge, handicapés, chômeurs. Vous ne savez pas dire non et vous manquez cruellement de confiance en vous.

– **Sois fort** !
Si vous êtes parasité(e) par ce driver, vous occupez certainement un poste de direction et d'encadrement (cadre, chef, dirigeant, officier) et vous ne pouvez pas vous empêcher de diriger, contrôler, influencer, voire dominer les autres. Vous détestez les faibles et les faiblesses, surtout les vôtres. Heureusement, vous avez appris à les cacher et à vous contrôler, ce qui vous avantage dans la compétition (votre drogue favorite).

Dur(e) et juste, froid(e) et intègre, vous êtes un(e) guerrier(ère)... fragile.

– **Sois parfait** !
Si vous êtes parasité(e) par ce driver, vous êtes perfectionniste et vous excellez dans les activités de précision. D'ailleurs, vous tavaillez probablement dans la gestion, l'audit ou le contrôle ou la qualité (vous pourriez être ingénieur !). Méticuleux(se), vous craignez l'échec et surtout la critique, que vous maniez pourtant si bien ! Propreté, hygiène, ordre, respect des procédures, sens du détail : vous êtes très apprécié(e) au travail, mais vous ennuyez vos collègues et surtout vos proches, qui vous reprochent d'être tatillon(ne), intransigeant(e) sur des détails.

– **Fais (encore) un effort** !
« Peut mieux faire ! » Ce commentaire écrit sur vos copies est resté gravé en vous. C'est pourquoi vous refaites, corrigez, affinez sans cesse tout ce que vous faites... en pure perte car, au fond, vous savez bien que ce n'est pas ça, pas encore, pas vraiment. Et ceci, quoi que vous fassiez : travailler, jouer, aimer ou créer. C'est pourquoi vous changez souvent de tout... Pourtant ces changements ne vous apportent pas ce que vous escomptiez et vous êtes éternellement insatisfait(e).

Tous ces drivers vous poussent à faire toujours plus... sans vraiment savoir pourquoi et pour qui ? Ils sont d'autant plus permanents qu'ils sont inconscients. Ce sont des parasites qui vous occupent l'esprit et qui épuisent votre énergie.

Les deux derniers drivers – Sois parfait ! et Fais (encore) un effort ! – sont encore plus contraires au quatrième accord toltèque :

– **Sois parfait !**

Ce driver vous incite à faire mieux, mais pas à faire de votre mieux. En effet, la perfection n'étant pas de ce monde, il vous pousse à viser un objectif inatteignable. La conséquence, c'est que vous êtes toujours en échec et toujours frustré(e). Et vous êtes donc probablement toujours frustrant(e) pour les autres, qui perçoivent votre perfectionnisme, quoi que vous fassiez.

– **Fais (encore) un effort !**

Pour certains, ce driver est une sorte de double du driver précédent. Examinons les points communs et les différences. Le point commun est l'incitation à faire toujours plus, à persévérer dans l'effort. La (seule ?) différence réside dans la présence ou non d'un objectif donné (la perfection). Le driver « Fais un effort ! » ne vise rien de précis, comme si l'effort se suffisait à lui-même. Cette différence est-elle importante ? Justifie-t-elle deux drivers distincts ? Rien n'est moins sûr !

Ce qui est intéressant, c'est que ce driver reprend un élément de la mythologie grecque : **le supplice de Sisyphe**, dont Albert Camus a tiré un livre, *Le mythe de Sisyphe* : Sisyphe est condamné par Zeus à rouler un rocher en haut d'une montagne. Mais arrivé tout en haut, le rocher ne tient jamais et retombe de l'autre côté… Ce supplice est éternel. L'Analyse Transactionnelle et la Process com ont d'ailleurs repris la mythologie grecque (comme la psychanalyse), en particulier les héros « destructeurs » :

– **Damoclès :** Cela ne va pas durer !
– **Ariane :** Ne change rien !
– **Tantale :** N'y arrive jamais !
– **Hercule :** Ne te repose jamais !
– **Sisyphe : Réussis presque puis recommence !**
– **Philémon et Baucis :** Reste sur place !

Le quatrième accord (Fais toujours de ton mieux) est largement repris par l'Analyse Transactionnelle, qui est elle-même la fille de la psychanalyse de Freud.

En conclusion, les quatre accords toltèques sont présents un peu partout dans le monde et sous des formes très différentes. On les retrouve en particulier au travers de nombreuses religions, y compris des religions non monothéistes. Mais on les retrouve également dans les techniques de développement personnel modernes venues des États-Unis ou d'ailleurs. On peut alors se demander si la sagesse toltèque n'est pas tout simplement une émanation d'une sagesse plus universelle encore et plus intemporelle ?

II. Une sagesse universelle et intemporelle?

« *Tout ce qui monte converge.* »
TEILHARD DE CHARDIN

Nous avons vu que les quatre accords toltèques n'étaient pas seulement toltèques, mais sans doute un peu universels. Mais qu'en est-il de la sagesse toltèque elle-même ? Qu'en est-il des principaux concepts et valeurs de la Toltequilla ? Qu'en est-il, par exemple, de l'importance accordée à la parole ou à l'ego, au rêve, au voyage ou encore aux émotions ? C'est ce petit tour d'horizon que nous vous proposons de faire maintenant ensemble afin d'éclairer les accords toltèques sous un nouveau jour.

La parole

L'importance de la parole

La parole a toujours été associée au pouvoir, qu'il soit officiel (dire et interdire) ou officieux (prédire et maudire). Les chamans de tous bords ont la réputation de savoir user et abuser de ce pouvoir officieux. Mais qu'en est-il réellement ? Et qu'en est-il des chamans toltèques ?

Sans doute l'avez-vous remarqué, trois des quatre accords toltèques impliquent directement ou indirectement le langage : ce sont les trois premiers. Le premier accord (Que ta parole soit impeccable) ne nécessite pas de commentaire. Le second accord (Ne réagis pas de façon personnelle) suppose une intervention indirecte de la pensée et du langage : l'interprétation. Il en va de même pour le troisième accord (Ne fais pas de supposition), puisqu'une supposition ne saurait se faire sans langage. Seul le quatrième accord (Fais toujours de ton mieux) ne le concerne pas.

C'est dire l'importance du langage pour les Toltèques. Mais ce ne sont pas les seuls à lui accorder autant d'importance : les religions monothéistes la partagent également.

Les trois monothéismes

« Au commencement était le verbe. » Cette phrase de la Bible a fait couler beaucoup d'encre et continue d'en faire couler. Que signifie en effet cette phrase énigmatique ? Comment se peut-il que **rien** n'existe avant le verbe (le langage) ? Le sens commun nous incite plutôt à penser que le langage vient **après** les choses, pour les nommer ou les décrire... mais c'est une illusion ! La Bible a raison et le verbe crée vraiment la réalité. Comment est-ce possible ?

Hors du langage, point de salut ?

Cette vérité est difficile à comprendre car nous sommes **dans** le langage. Plus précisément, le langage est en nous, dans notre tête, dans notre cerveau et nous ne pouvons pas l'enlever, donc savoir ce qu'est un monde sans langage. Néanmoins, nous pouvons l'imaginer en observant ceux qui sont hors du langage articulé (les animaux), ceux qui ne l'ont pas encore intégré (les enfants), ceux qui en sortent (en rêvant) et ceux qui l'ont perdu : les aphasiques et autres personnes atteintes de la maladie d'Alzheimer et troubles apparentés (démences).

– **Les animaux**

La grande différence d'avec les humains est qu'ils n'évoluent pas, ou plutôt qu'ils ne font pas évoluer leur environnement. Ils se contentent de s'y adapter (plus ou moins rapidement), mais ils n'ont aucun pouvoir sur l'environnement. Au contraire, l'homme exerce un pouvoir presque absolu sur le monde et les autres animaux. Ce pouvoir a commencé précisément avec la civilisation et le langage articulé. La deuxième différence entre les animaux et les humains est que les premiers restent définitivement prisonniers de leurs instincts et reproduisent les mêmes comportements *ad vitam æternam*, ce qui les rend extrêmement prévisibles et fragiles vis-à-vis des prédateurs. Les humains ont au contraire inventé des comportements opposés à leurs instincts (par exemple, la chasteté) en inventant les concepts (les mots) qui les justifient... À titre d'exemples, nous avons inventé les concepts de liberté, de justice, de respect, d'égalité, d'intelligence, d'honneur (valeur plutôt asiatique qu'occidentale), de responsabilité, de culpabilité, de beauté, de vérité, d'intégrité (faire ce que l'on dit)... Or ces concepts font maintenant partie intégrante de notre vie. Mais ils n'existent que sur un plan « intellectuel » ou spirituel, pas dans la réalité concrète. Un animal ne peut pas les observer, pas plus qu'un Alien qui ne connaîtrait pas nos langues humaines.

– Les enfants en bas âge

Que nous apprennent les enfants en bas âge ? Comme les animaux, ils subissent le monde des adultes, mais on ne peut pas attribuer cette dépendance uniquement à l'absence de langage. Une différence d'avec les adultes est leur sens du temps, beaucoup plus « long » que le nôtre. Mais c'est sans doute en grande partie à cause de leur manque de concentration. Il n'empêche que le langage est la première différence : sans langage, l'enfant vit dans le chaos, un monde d'énergies et de forces brutales et incompréhensibles. C'est ce qui explique leurs cauchemars : une expérience hors du langage. Petit à petit, l'enfant apprend à parler, c'est-à-dire à nommer les choses et les gens, à organiser le monde et à agir sur lui. Il dit « Maman » et celle-ci accourt. Il dit « Soif » et on lui donne à boire. Il dit « Non » et sa mère cesse de chercher à l'influencer. La parole est un exercice du pouvoir : dire et interdire. Car si ses parents lui disent « Non », il arrête de faire ce qu'il faisait ou renonce, plus ou moins rapidement, à chercher à obtenir quelque chose.

– Les rêves

Que se passe-t-il quand nous rêvons ? Le rêve est un film dont le langage est essentiellement non verbal : images, sons, odeurs, sensations corporelles, émotions et sentiments. Quelle est la caractéristique du rêve ? Son chaotisme, son irrationalité totale, son illogisme absolu. En fait, le rêve est une histoire déstructurée, ou plutôt structurée comme un kaléidoscope : les scènes s'enchaînent sans logique ni respect de la réalité. Le langage articulé apporte la structure qui n'existe pas (ou si peu) en rêve. D'ailleurs, si vous voulez vous rappeler vos rêves, vous devez les raconter ou les écrire, car le langage fixe ces images et scènes. Le rêve est une mise en scène de nos énergies intérieures : émotions, sentiments, désirs... C'est pourquoi les scènes se transforment en permanence : le chat devient un tigre et peut devenir un être humain, le père devient un roi ou un nain, ou encore un aigle, un poisson. Le rêve ne respecte pas les lois de notre monde matériel, mais celles de notre monde intérieur archaïque qui, lui, ne reconnaît pas ou dépasse les clivages et les distinctions apportées précisément par le langage.

– **Les aphasiques**

Qu'en est-il maintenant des aphasiques, des « déments » et autres personnes atteintes de la maladie d'Alzheimer ? Ce qui frappe tous ceux qui les ont approchés est leur égarement : ils semblent perdus, déconnectés, hors du temps et de la réalité objective, parfois fixés sur un petit détail du passé (souvent négatif). Le langage est la clé de la mémoire, qui est une des composantes de l'intelligence. Sans langage, l'intelligence ne fonctionne pas, elle semble paralysée, comme tournant à vide. Le langage est ce qui permet à la fois de structurer, de mémoriser et de contrôler les choses, les êtres vivants et aussi soi-même.

La linguistique

L'étude du langage nous apporte un éclairage particulièrement intéressant sur le langage. En effet, elle englobe une grande variété de disciplines spécialisées sur tel ou tel aspect du langage : les sons, le sens, la grammaire, la poésie... Pendant longtemps, la linguistique s'est contentée de représenter le langage comme un outil de description de la réalité extérieure (préexistante) jusqu'au jour où est apparue la pragmatique linguistique : l'étude des actes de langage ou plus exactement l'étude de l'action du langage sur le réel. John L. Austin (« Quand dire, c'est faire ») s'est d'abord intéressé aux actes de langage produits par certaines personnes autorisées : les maires peuvent vous marier, les juges peuvent vous condamner ou vous divorcer, les prêtres vous baptiser, vous absoudre de vos péchés, vous marier ou prononcer d'autres sacrements, les recruteurs peuvent vous recruter ou vous éliminer, les officiers peuvent vous décorer ou vous dégrader, les chamans peuvent vous jeter un sort, etc.

Puis Austin s'est intéressé aux actes de langage prononcés par nous tous en dehors de tout statut officiel (politique, juridique, militaire, religieux...). Ainsi, il a inventorié toutes ces paroles qui font ou créent quelque chose (à l'autre et dans la relation) : le compliment ou l'insulte, le pari ou l'engagement, la déclaration ou la répudiation, l'accusation ou la condamnation, la bénédiction ou la malédiction, etc. Toutes ces paroles sont des actes au sens juridique du terme. Dans tous les cas, il ne s'agit pas de savoir si la parole est vraie ou non, réelle ou pas, mais si elle est efficace ou non. Lorsque les Américains se déclarent indépendants (« *We are all the people* ») ou lorsque les Français promulguent

« Les droits de l'homme et du citoyen », la seule question qui compte est celle du résultat : cette parole est-elle suivie d'un effet ?

Enfin, John L. Austin a poursuivi ses investigations et découvert que toute parole contenait une dimension d'action : parler, c'est créer une relation, c'est reconnaître un interlocuteur et se constituer soi-même en tant que locuteur. Les mots sont bien plus que des mots, ce sont des énergies qui produisent un effet plus ou moins heureux sur ceux qui les reçoivent. Quand le général de Gaulle lance l'appel du 18 juin, c'est un événement historique. Quand certains islamistes lancent ou relancent l'appel au Djihad, cela a des conséquences réelles et violentes : attentats, morts… Quand Jacques de Molay, le grand maître des Templiers, maudit le roi de France et sa descendance (« Maudits, vous serez tous maudits, jusqu'à la treizième génération ! »), cela a des conséquences d'autant plus importantes que les rois et les gens de l'époque accordent foi à de tels propos.

Plus simplement, quand un adulte dit à un enfant quelque chose comme : « Tu ne feras jamais rien dans la vie ! », l'enfant risque fort de se conformer plus ou moins à cette sentence et de saboter sa vie. Inversement (mais ce n'est pas contradictoire), si un professeur de français déclare en cours : « Vous verrez, celui-ci écrira un livre un jour ! » le résultat est entre vos mains ! Autrement dit, nous sommes des êtres de langage et les enfants se construisent au travers des paroles qu'ils reçoivent, qu'elles soient bonnes ou mauvaises (le pire serait l'absence de parole, c'est-à-dire l'indifférence). Plus précisément, c'est au travers des jugements portés sur nous dans l'enfance que nous construisons notre identité d'adultes : les jugements directs (« Tu es lent ! ») ou indirect (« Dépêche-toi ! ») nous structurent durablement car, enfants, nous ne savons pas qui nous sommes et nous avons besoin du regard des adultes, en particulier celui des parents, nos modèles de base (il y en aura d'autre part la suite).

L'ego

La parole nous construit parce que nous sommes des animaux culturels et que nous existons autant sur le plan physique que sur ceux psychologique et spirituel. Le concept le plus humain est sans doute celui du « Moi ».

L'ego, c'est quoi ?

Tout le monde parle de l'ego, presque toujours en terme négatif (« Il a un ego surdimensionné »), mais que signifie exactement ce terme. L'ego, c'est le moi/je, c'est-à-dire **l'identité** de chacun, **l'image** de soi (et non le Soi) vis-à-vis des autres. C'est le sujet parlant, la conscience de soi opposée ou séparée des autres. C'est une construction (*lego,* « Je construis ») du mental. C'est l'aboutissement de la conscience de soi et des autres, mais aussi du processus de différenciation initié par le langage articulé construit autour d'oppositions (de sons, de mots, de sens...). C'est probablement ce concept qui a favorisé, sinon créé, l'individualisme.

- D'après les spécialistes de l'enfance, le moi se construit vers l'âge d'un an, via le stade du miroir (Jacques

Lacan) : le bébé prend conscience de son identité et de sa séparation d'avec sa mère. Le moi permet de s'affirmer et de s'opposer (moi = non).

– On ne peut parler **que** de soi, même lorsque l'on parle des autres et du monde extérieur : c'est beau = j'aime ; c'est chaud = j'ai chaud ; c'est bien = j'approuve... D'après Jacques Salomé, on devrait donc toujours dire **je** et jamais **tu** ou **on**, deux formes de manipulations relationnelles.

L'ego, c'est le contraire de quoi ?

– L'ego est tout d'abord le contraire de l'amour, car l'amour est à la fois don et oubli de soi, désir positif pour l'autre (qu'il soit heureux).

– L'ego est aussi le contraire de la vérité : quand on ment, on cherche toujours à sauver son image, à masquer ses vrais désirs ou ses peurs réelles, qui sont rarement conformes avec l'image que l'on voudrait donner de nous.

– L'ego est le contraire de la liberté : tout ramener à soi, ne penser qu'à soi ou pour soi est une prison. Passer son temps à défendre une apparence (l'image parfaite de soi), à chercher à avoir raison ou à se justifier, est un esclavage relationnel.

– L'ego est le contraire de la responsabilité : la responsabilité consiste à répondre de ce qu'on a fait et rien d'autre. Ce n'est ni la culpabilité (injustifiée), ni l'irresponsabilité (« C'est la faute des autres ! »), ces deux manifestations de l'ego.

- L'ego est le contraire du pouvoir (chamanique) : le vrai pouvoir est d'être ce que l'on est. Mais cette (apparente) simplicité est l'apanage de ceux qui ont travaillé longtemps sur eux-mêmes.

- L'ego est le contraire de l'authenticité : l'ego cherche en permanence à tromper les autres et soi-même en se justifiant, en mentant ou en se racontant des histoires. L'authenticité consiste, au contraire, à assumer et à montrer ce que l'on est : fragile, peureux, ambivalent, en colère, frustré, etc.

- L'ego est le contraire de la créativité : la créativité émerge d'un processus de lâcher prise, tandis que l'ego reproduit mécaniquement des « recettes » éculées dans un cadre rigide.

- L'ego est le contraire de l'humour : rire et rire de soi, c'est la meilleure façon de court-circuiter l'ego, qui a tendance à tout dramatiser, à tout prendre au sérieux, ceci afin de se donner de l'importance.

Les manifestations de l'ego

L'ego, le moi est un concept, une idée, pas une réalité. Voici quelques-unes de ses manifestations :

- **Le jugement.** Le moi juge tout et tout le monde, y compris et surtout lui-même. Faites attention : vous ne pouvez quasiment pas parler ou penser sans juger ! C'est un réflexe inconscient et permanent et c'est surtout un moyen de défense de l'ego... blessé. Exemple : « Cet article est stupide ! » signifie : « Écoutez comme je suis supérieur à celui qui l'a écrit, comme je suis intelligent ! »

- **La catégorisation/généralisation.** C'est une des formes les plus courantes du jugement : les hommes sont comme ceci, les femmes comme cela. La plupart de ces généralités ne reposent que sur quelques exemples, parfois même sur un seul ! Exemple : « Les hommes sont infidèles ! » signifie en fait : « Nous les femmes sommes fidèles et donc supérieures aux hommes » (mais nous sommes profondément blessées).

- **La valorisation.** L'ego cherche à se valoriser en permanence et à paraître supérieur aux autres (survalorisation), plus intelligent, plus fort. Quand il ne peut le faire, il fait l'inverse (dévalorisation). Exemple : « Je suis nulle ! » (pour une erreur commise) signifie : « Je suis déçue par mon erreur, j'espérais mieux de moi, je ne corresponds pas à l'idéal auquel je voudrais ressembler et je me venge en me critiquant, avec la jouissance du bourreau ».

- **Avoir raison.** Avoir raison ou avoir le dernier mot est un moyen de se valoriser. C'est une des drogues préférées de l'ego. Argumenter systématiquement ou essayer de convaincre l'autre est tout simplement un refus d'entendre, d'accepter et de reconnaître ce qu'il nous dit.

- **La justification.** L'ego tend à se justifier, à avoir raison en permanence, y compris face à soi-même. Exemple : « Je suis en retard à cause des bouchons ou des embouteillages » signifie : « Je ne veux pas reconnaître mon erreur ou échec et ainsi m'abaisser aux yeux (imaginaires) de l'autre ».

– **L'importance.** L'ego cherche en permanence à se donner de l'importance pour exister et ceci, parfois à n'importe quel prix : l'enfant commet des bêtises de plus en plus graves pour attirer le regard (même négatif) de ses parents. C'est pourquoi toutes les voies spirituelles ou initiatiques dignes de ce nom (y compris le chamanisme) préconisent de vivre, de travailler et de s'entraîner auprès de « tyrans » d'occasion. Exemple : « Pourquoi la vie me fait cela à **moi ?** » signifie : « Je me crois supérieur aux autres et attends par conséquent d'être traité avec déférence et différence (privilèges), non pas comme le *vulgus pecum* ».

– **Les opinions** sur tout et n'importe quoi : l'ego s'épanouit (à notre détriment) en se définissant et en exprimant, voire en imposant ses opinions sur tout et tous (y compris soi-même). En réalité, tout le monde se fiche de nos opinions. Et ces opinions sont dangereuses et limitatives : non seulement elles provoquent des discussions et des disputes (même racine latine : *disputatio*), mais elles ne sont que le pâle reflet de notre état et de notre situation. Par conséquent, elles évolueront avec nous et il est inutile de s'accrocher à elles. Exemple : « Si j'étais au gouvernement, je ferai... » C'est une façon assez évidente de clamer son impuissance et sa supériorité imaginaire.

– **La dramatisation.** L'ego utilise tous les moyens possibles pour se donner de l'importance, de la consistance et de la réalité. Dramatiser les événements est un excellent moyen d'exister (pour l'ego).

Exemple :

« Ce qui m'arrive est terrible ! Cela ne peut plus durer ! C'est insupportable !

— Qu'est-ce qui t'arrive ?

— J'ai raté mon métro ! »

- **Les caprices.** Ce sont des désirs infantiles ou exprimés de façon infantile. Ils expriment la frustration accumulée, non acceptée, digérée, transformée. Exemple : « Je veux des meubles en acajou dans mon bureau, un ordinateur Apple, une place de parking en face de l'entrée, etc. ! » Chaque caprice est l'expression d'une frustration qui s'exprime de façon infantile (diktat) ou déplacée.

- **Le chantage.** C'est une forme de manipulation, une pression indirecte, voire invisible (sournoise), sur autrui, de façon à éviter la confrontation directe. Exemple : « Tu fais ce que tu veux, mais si tu me quittes, je me suicide » signifie : « Je n'accepte pas ton départ, mais comme je n'ai ni le pouvoir de t'imposer de rester, ni l'envie d'essayer de te persuader, alors je te culpabilise ».

- **L'agression.** C'est la manifestation de la colère non exprimée naturellement et orientée contre quelqu'un ou quelque chose (destruction, nuisance). Sauf en cas de légitime défense, elle induit une relation de supériorité sur l'autre qui masque souvent une peur. Exemple : J'ai évité de justesse une voiture et je l'insulte. En fait, j'ai eu très peur et je suis maintenant en colère contre celui qui a déclenché cette peur.

Les maladies de l'ego

L'ego est un mal nécessaire... pendant un certain temps et jusqu'à un certain point. C'est un déséquilibre relationnel. Examinons quelques-uns de ces déséquilibres.

- **L'égoïsme.** C'est la tendance à toujours privilégier son intérêt au détriment de l'intérêt général ou de l'autre (altruisme).

- **L'égocentrisme.** C'est la tendance à tout ramener à soi, à se prendre pour le centre du monde. C'est une tendance infantile héritée de la position centrale du bébé dans la famille.

- **Le narcissisme.** C'est la fascination (névrotique) pour sa propre image : Narcisse est tombé amoureux de son image en se regardant dans une mare et il en est mort. C'est le contraire de l'amour.

- **La TPI** (Toute-puissance infantile). C'est la tendance à s'imaginer à la fois tout-puissant, central et important. Cette tendance diminue en principe avec l'âge au profit de l'autonomie (pouvoir réel de faire les choses pour soi). Mais la TPI est une drogue et nous avons tous, plus ou moins, tendance à y revenir dès que possible : caprices, colères, chantages, culpabilité, susceptibilité, etc.

- **La susceptibilité.** C'est une forme de sensibilité « mal placée » investie dans l'ego qui nous rend blessables et nous fait souffrir... pour rien !

- **La séparation.** C'est la croyance sur laquelle repose l'ego : moi, c'est moi et toi, c'est toi. Mais sommes-nous vraiment si distincts les uns des autres ? Rien n'est moins sûr ! De nombreux phénomènes prouvent le contraire :

- Les mères ressentent parfois à distance les émotions de leurs enfants.
- Les psys ressentent souvent les émotions et sensations de leurs clients, entendent leurs pensées...
- Certaines découvertes ont été faites en même temps à des endroits très éloignés.
- Certains animaux apprennent spontanément des choses enseignées à d'autres animaux de la même espèce vivant à des milliers de kilomètres.

Et par-dessous tout :

– **Le contrôle.** Chercher à tout contrôler (les événements, les relations, les personnes et soi-même) relève de la maladie mentale et dénote un manque total de confiance en soi, en l'autre et en la vie. Le besoin névrotique de tout contrôler repose *in fine* sur la peur.

– **La peur.** C'est une émotion naturelle qui nous alerte des dangers réels (rares) ou imaginaires (fréquents), mais qui paraissent réels à l'ego : peur de perdre ou de manquer, de ne pas maîtriser ou contrôler les choses, les situations et les gens, peur de mourir, de souffrir ou d'être jugé (négativement), d'être démasqué (vu comme imparfait), peur du changement ou de l'inconnu, de l'autre ou de soi, de la vie, du plaisir de l'abandon, et de l'amour.

– **La culpabilité.** C'est le sentiment d'être responsable de la souffrance d'autrui. Lorsque l'on a réellement fait du tort à quelqu'un, cette culpabilité est légitime. Dans le cas contraire (qui est le plus fréquent), elle est injustifiée et c'est une maladie relationnelle, un poison émotionnel, une façon déguisée de se donner de l'importance, de se mettre au centre de la vie des autres (par exemple, l'enfant qui se sent responsable du divorce de ses parents).

- **L'avidité.** C'est le désir de posséder, d'avoir toujours plus (il n'y a pas de limite, puisqu'il s'agit de combler un manque sans fin). L'argent est le symbole de cette avidité et de cette accumulation.

- **La colère.** C'est la manifestation la plus évidente de l'ego : l'exigence, l'arrogance, l'importance qu'on s'accorde au détriment de l'autre ou des choses et, par-dessus tout, le refus de la réalité.

L'ego, un concept universel ?

Toutes les religions ont essayé de limiter l'influence négative de l'ego, mais également toutes les formes d'initiations et de spiritualité. Tous les sages qui ont dépassé les religions ou tenté de les réunir (Jiddu Krishnamurti, George I. Gurdjieff, Arnaud Desjardins) s'appuient sur ce concept négatif de l'ego.

Même la spiritualité laïque de nombreux philosophes en est imprégnée :

- Karl Marx contribue à créer l'humanisme, qui n'est pas un individualisme.
- Friedrich Nietzsche invite chacun d'entre nous à « devenir ce qu'il est ».
- Auguste Comte ébauche les fondements d'une société bâtie sur des lois autres que celles de l'ego. Ses travaux serviront de référence à l'état du Brésil, lors de sa constitution.

Les grands hommes politiques ne sont pas en reste : Robespierre réussit à faire de la devise de ses frères francs-maçons (« Liberté, égalité, fraternité ») celle de la République française.

Les grands éducateurs y vont de leur touche : Jules Ferry impose l'école gratuite, laïque et obligatoire pour tous.

Les grands sportifs utilisent leur discipline pour faire évoluer les consciences : Pierre de Coubertin réussit à recréer les jeux olympiques, afin de canaliser l'agressivité humaine vers un idéal plus élevé : courtoisie, fair-play, respect, dépassement de soi.

La perception/le rêve

Si l'ego est le concept central de la spiritualité, le rêve est probablement celui du chamanisme.

Les deuxième et troisième accords nous incitent à rester ou à revenir dans la réalité. En effet, selon le deuxième accord, réagir de façon personnelle signifie interpréter, c'est-à-dire donner un sens (à ce qui n'en a pas) par rapport à nous : « On ne voit pas les choses comme elles sont, mais comme on est » (Le Talmud). Le troisième accord – Ne fais pas de supposition – va exactement dans le même sens.

Est-ce à dire que nous (les êtres humains) sommes incapables de vivre dans le monde réel ? Mais qu'est-ce que le monde réel ? Quelle est la réalité pour un chien, une mouche, une fourmi (sans yeux) ou un microbe ? Si la réalité est la totalité des choses, alors il est impossible à qui que ce soit de vivre dans **la** réalité. Nous ne pouvons vivre et ne vivons que dans notre réalité. Quelle est cette réalité ? Ce que nous en percevons : « *Esse est percipi* », « Être, c'est être perçu » (George Berkeley). Ce slogan de la philosophie immatérialiste correspond assez bien aux dernières découvertes de la philosophie constructiviste (la réalité est une construction). Toute la question est de savoir comment nous construisons cette réalité ? C'est ici qu'intervient la sémantique générale et le langage.

La sémantique générale et la PNL qui en est dérivée

Alfred Korzybski (1879-1950), un ingénieur polonais émigré aux États-Unis, a essayé de comprendre l'échec des sciences humaines (qui ne progressent pas aussi vite que les sciences « exactes »). Il a découvert l'importance du langage en général et de certains procédés en particulier (les définitions, les distinctions) qui déterminent le résultat (les conclusions). Voici ses conclusions :

Nous ne percevons qu'une toute petite partie des choses à travers nos sens limités :

- Notre œil ne perçoit pas les infrarouges et les ultraviolets.
- Notre oreille ne perçoit pas les ultrasons ni les infrasons.
- Certains de nos sens sont très atrophiés : l'odorat, le sixième sens (?).
- Nous ne percevons que ce qui est à notre échelle, donc ni l'infiniment grand, ni l'infiniment petit.
- Nous ne percevons que ce qui nous est utile et/ou agréable.

- Nous simplifions nos perceptions. Par exemple, nous ne voyons jamais les différences des deux hémifaces (droite et gauche) d'un visage : notre vue fait une synthèse, une moyenne.
- Nous mettons de l'ordre dans nos perceptions grâce au langage, ou plus exactement grâce aux mots qui distinguent et catégorisent les faits et les choses : était-ce bleu ou vert, petit ou grand, vrai ou faux ?

Notre cerveau compare et distingue les formes (choses, événements, personnes) en éliminant ce qui n'est pas discriminant ou ce qui n'est pas conforme avec ce que nous attendons (nos croyances). Contrairement à la profession de foi rationaliste (« Moi, je suis comme saint Thomas, je ne crois que ce que je vois ! »), nous ne voyons que ce que nous croyons (que nous allons voir).

Notre mémoire nous joue des tours et arrange nos souvenirs : « J'ai fait cela, dit ma mémoire. Ce n'est pas possible, dit mon orgueil. Finalement, c'est la mémoire qui cède » (Nietzsche).

La plupart du temps, dans le chaos des événements, nous ne retenons que :
- Ce qui nous touche directement ou indirectement. Ainsi, nous sommes marqués par cette nouvelle loi qui va avoir des conséquences sur notre travail, nos finances ou notre santé.
- Ce qui dénote, tranche ou jure avec le reste, le contexte, la norme. La surprise est une émotion au service de la recherche d'incohérence ou de contradiction : une mère de 70 ans, un record sportif ou technique, un don extrêmement généreux, un enfant qui sauve un adulte...

– Ce qui correspond avec ce que nous voulons, attendons, espérons ou craignons de percevoir : « Je le savais, que j'allais être promu (ou licencié) ! »
– Ce qui est associé à des émotions et des sentiments forts, positifs ou négatifs : les films d'horreur ou ceux à l'eau de rose, les publicités choquantes, les déclarations inattendues...
– La tonalité affective : la couleur, l'injustice dans le film *Midnight express*, le courage dans *Le seigneur des anneaux*.
– La structure, le global, la synthèse ou le résultat : « Le capitalisme, c'est l'exploitation de l'homme par l'homme, le socialisme, c'est le contraire. »

Les mots désignent des classes abstraites ou des catégories d'objets ou de faits. Ils ne rendent jamais comptent de la richesse de la forme (couleur, taille, etc.). Ils fixent les choses et les rêves. Malheureusement, nos perceptions ne sont jamais complètes ni objectives : il existe de nombreux mécanismes de filtrage et de traitement de l'information effectués par notre processeur, à savoir notre cerveau. Étudions-les.

Les biais de perception

– L'interprétation

Les événements sont neutres, nos réactions : jamais ! Nous passons notre temps à juger et cela sans même nous en rendre compte : le voyage est fatigant, la lumière aveuglante, l'ambiance morose, Marlyn belle, la tour Eiffel haute, le Concorde rapide, la chaleur étouffante, le basketteur grand, les « Bleus » incompétents, le champagne pétillant, la crise durable, la catastrophe tragique, la conjoncture difficile.

Que s'est-il passé ? Nous réagissons systématiquement et inconsciemment d'une manière affective et nos émotions se projettent sur les choses et les événements extérieurs que nous voyons de la couleur de nos émotions.

Exemples :

- Quelqu'un arrive. « Je ne l'aime pas » devient : « Il est antipathique. »
- « J'ai chaud » (sensation dans mon corps) devient : « Il fait chaud ici ! »
- « Je n'arrive pas à régler un problème » devient : « Ce problème est difficile, voire insoluble. »

– Les inférences

Si je vous dis qu'à cette soirée, il y avait deux parents et deux enfants. Combien de personnes y avait-il au total ? Vous en déduisez automatiquement qu'il y avait quatre personnes. Malheureusement, dans ce cas précis, il n'y en avait que trois... Comment est-ce possible ? Il y avait le grand-père, le père et le fils. L'un des trois était à la fois parent et enfant. Vous vous êtes trompé(e) parce que vous avez inféré (déduit) trop rapidement que les parents étaient distincts des enfants. Ce que je n'ai jamais dit ! Cet exemple illustre notre tendance à « boucher les trous » à tout prix, à combler les incertitudes, les paradoxes ou les complexités. Quitte à se tromper ! En fait, nous détestons l'incertitude. Pourquoi ? Probablement pour satisfaire nos besoins d'ordre et de sécurité. Ou pour pouvoir décider, agir et avancer (l'incertitude génère l'hésitation qui paralyse la décision).

– La désinformation

Nous avons tous tendance à déformer les informations brutes reçues, un peu comme si nous n'étions pas capables d'accepter simplement ces informations et ces réalités telles quelles.

Pour cela, nous utilisons cinq opérations :

- **La généralisation.** Tout, rien, toujours, jamais, personne, tout le monde, partout, nulle part, etc.
- **La nominalisation.** La vie, la mort, les hommes, les femmes, les vieux, les jeunes, les patrons, les salariés, etc.
- **L'injonction.** Je dois, tu devrais, il faut, il n'y a qu'à...
- **La non-spécification** (flou artistique). Tu ne comprends pas, c'est nul, c'est génial, c'est bien, c'est mal, etc.
- **La comparaison.** Moins, plus, le meilleur, le pire, mieux, moins bien, autant, moins que, etc.

Tous ces procédés sont des fuites de la réalité et de la complexité des choses, des gens et des relations. Dire à son conjoint : « On ne peut jamais rien te demander ! » permet d'éviter de se remettre en question, de négocier avec son conjoint et de jouer la victime – un rôle si agréable !

Si le rêve est un concept central chez Don Miguel Ruiz, le voyage est un autre concept, complémentaire et omniprésent dans le chamanisme.

Le vocabulaire de la perception

Perception. C'est une opération mentale active (contrairement à la réception qui est passive) qui consiste à identifier un ou plusieurs signes parmi le chaos des choses.

Illusion. C'est une perception erronée, incomplète ou déformée de la réalité.

Illusion d'optique. C'est une perception erronée naturelle ou artificielle, basée sur les lois de la perception visuelle.

Mirage. C'est une illusion d'optique fréquente dans le désert (perception d'une oasis par exemple) ou en pleine mer (perception de la terre, d'une plage, de maisons).

Hallucination. C'est une illusion naturelle ou artificielle (produite par l'alcool ou l'hypnose, par exemple). Elle peut toucher les cinq sens : l'hallucination peut être visuelle, auditive, olfactive (odeurs sans fondement) ou kinesthésique (sensations aberrantes).

Délire. C'est une hallucination produite par un dérèglement psychique plus ou moins grave (névrose ou psychose). Dans les cas graves, le délire coupe la personne des autres et du monde « réel ». Ainsi, le paranoïaque est enfermé dans son délire de persécution et rien ni personne ne peuvent le faire changer d'avis. Au contraire, il interprète tout ce qu'on lui dit pour justifier son délire.

Solipsisme. C'est le fait d'être enfermé irrémédiablement dans **son** monde. Pour certains, c'est une attitude ou une maladie mentale (l'autisme ?). Pour d'autres, c'est tout simplement l'état de **tous** les êtres humains, à divers degrés. →

Interprétation. Opération mentale qui consiste à attribuer un sens, une valeur, une signification à un fait (neutre).

Objectivité. C'est la capacité de percevoir la réalité de façon neutre, sans faire intervenir sa subjectivité, c'est-à-dire son affectivité (sentiments), sa sensibilité, son ego... Pour certains (les adeptes du « Front rationnel »), c'est le *must*, le nec plus ultra, la plus haute valeur à respecter et à imposer à tous. Pour d'autres (les chamans), c'est un point de repère, un idéal à viser quasi impossible à atteindre (en physique quantique, comme en psychologie, on a démontré que l'observateur modifie l'observé). C'est aussi et surtout une « escroquerie » qui vise à imposer certaines vérités (consensus) et à en interdire d'autres.

Subjectivité. C'est le contraire de l'objectivité, la capacité de se situer en tant que sujet (personne humaine) et d'intervenir dans la perception, de la colorer, de la modifier, voire de la créer ou de la supprimer. Ses composantes sont les besoins, les désirs, les sentiments, la volonté et la décision.

Rêve. C'est une perception d'un autre ordre ou d'une autre réalité. En principe, on rêve uniquement la nuit. Mais il existe différents types de « rêves » : les rêves éveillés, les représentations et les désirs inaccessibles, les voyages en tous genres et la représentation individuelle ou collective plus ou moins décalée de la réalité qui finit par être prise pour LA réalité (le rêve de la société).

Regardez le panneau de la route ci-dessous. Vous ne voyez rien d'anormal ? Regardez bien... ça y est ? Comment se fait-il que vous ne l'ayez pas vu tout de suite ? Parce que vous vous êtes préparé(e) à voir quelque chose, parce que vous vous attendiez à voir quelque chose de précis. Dès lors, vous n'avez pas vraiment regardé ni vérifié. Étonnant, non ?

Si vous ne voyez rien d'anormal, retournez le livre pour lire la réponse :

«à» figure deux fois sur le panneau

Le voyage

Toutes les formes de chamanisme connaissent et pratiquent le « voyage ». Elles utilisent pour ce faire différentes techniques : les hallucinogènes naturels, le tambour chamanique, les techniques de respiration, le rêve, etc.

Les hallucinogènes naturels

Ils sont évidemment spécifiques à chaque peuple en fonction des plantes locales. Le plus connu est sans doute le peyotl, un champignon mexicain popularisé par Carlos Castaneda dans *L'herbe du diable et la petite fumée*. L'ayahuasqua, une liane des forêts d'Amérique du Sud, commence à être connue grâce à Jeremy Narby et son livre *Le serpent cosmique*. Citons également l'iboga, une plante des forêts d'Afrique popularisée par Jan Kounen. Faut-il citer la feuille de coca, dont on tire la cocaïne ? Ou la fleur de pavot, dont on tire la morphine puis l'héroïne ? Mais il y en a beaucoup d'autres, moins célèbres, sans doute, mais tout aussi efficaces. Il semblerait en fait que chaque région du globe possède ses plantes hallucinogènes. Ainsi, il semble bien que la Pythie prononçant les oracles à Delphes prenait de l'Amanita muscaria, un champignon hallucinogène et toxique à certaines doses.

Le tambour chamanique

C'est une autre pratique très ancienne et assez universelle. Sa simplicité renversante est probablement à l'origine de son succès : il suffit d'écouter un tambour frappé régulièrement sur une fréquence particulière (entre 160 et 220 battements par minute) pour « décoller » et se retrouver dans une autre réalité (voyage). En pratique, ce n'est pas si simple. La préparation (mentale), l'environnement (isolement), la qualité du tambour et la régularité des battements conditionnent le succès de l'opération. C'est Michael Harner, un disciple de

Castaneda (?), qui a popularisé cette technique en Occident : stages, CD de tambour chamanique... Souvent, le guide propose au voyageur de penser fortement à un problème actuel, éventuellement de formuler mentalement une question précise. Ensuite, il lui conseille de se préparer à un voyage vertical (ascensionnel ou descendant) et d'attendre une rencontre avec quelqu'un (souvent une personne âgée) ou un animal. Mais le voyageur peut se retrouver **dans** l'animal ce qui est très surprenant, la première fois.

La respiration holotropique

C'est Stanislas Groff qui a inventé cette technique. Il étudiait l'impact (positif ?) du LSD sur certains malades mentaux, quand le LSD fut interdit aux États-Unis. Déstabilisé, il entreprit un tour du monde dans le but d'en découvrir un substitut. Ce faisant, il découvrit un peu partout différentes techniques de transe. Il les étudia et les compara toutes. Finalement, il se focalisa sur la musique et mit au point sa propre méthode : la respiration holotropique. Elle consiste à respirer au rythme de certains morceaux de musique sélectionnés et agencés en fonction de leurs fréquences (du plus rapide au plus lent). Et ceci allongé sur un matelas, les yeux cachés et accompagné par quelqu'un (assis en tailleur à côté) qui ne « voyage » pas. L'hyperventilation du cerveau déclenche assez rapidement un « voyage » dans une autre réalité. Certains rêvent vraiment, d'autres vivent des événements à venir, d'autres encore revivent des événements passés, certains leur naissance.

Le Rebirth

C'est une technique assez proche de la respiration holotropique, et pour cause : la technique de base est la même, à savoir l'hyperventilation. Sauf que le Rebirth, comme son nom l'indique, cherche à faire revivre sa naissance dans le but de débloquer certaines émotions perturbantes. En fait, pour Léonard Orr, le créateur de cette technique dans les années 1970, nous avons tous subi un traumatisme premier et fondamental, la naissance, qu'il s'agit de dépasser. Mais le Rebirth peut aussi traiter d'autres traumatismes. Concrètement, on s'allonge sur le dos, les yeux fermés. Puis on se concentre sur son corps et, dans un premier temps, sur sa respiration. Ensuite, on essaie de respirer par la bouche et non plus par le nez. Enfin, on amplifie et on accélère sa respiration. Alors, on entre dans un état de conscience modifié, le Rebirth, assez proche de la transe hypnotique profonde ou du voyage chamanique : la perception de la « réalité » (corps, espace et temps) est complètement modifiée. Très puissante, cette technique peut s'avérer néanmoins dangereuse si elle n'est pas pratiquée dans les règles de l'art par un praticien expérimenté.

Le souffle taoïste

Pour les taoïstes, le Chi ou Qi est l'énergie subtile qui régit tous les êtres vivants. Les taoïstes cherchent donc à retenir l'air aussi longtemps que possible. Cette forme de respiration peut provoquer des hallucinations et un sentiment d'euphorie (comme les hallucinogènes). Mais la finalité est d'ordre mystique, voire alchimique : il s'agit en fait de régénérer, voire de transmuter, la matière et de s'installer dans un état « paradisiaque » de béatitude. Mais cette forme d'apnée n'est pas sans danger. C'est pourquoi ces techniques de respiration ont longtemps été tenues secrètes (ésotérisme).

Le Pranayama (yoga)

Le Prana est à la fois le souffle et l'énergie vitale subtile (assez proche du Chi taoïste). Le Pranayama est un ensemble de techniques de régulation du Prana à travers les trois Nadis (l'équivalent des méridiens chinois), Ida, Pingala et Sushumna. Le but est à la fois l'harmonie, la santé, la longévité et l'extase.

Les Upanishads (textes sacrés de l'hindouisme) distinguent différentes façons de respirer :

- La prise de conscience de sa respiration.
- La respiration complète (du bas-ventre aux épaules).
- La respiration alternée (narines droite/gauche).
- La respiration à partir de la gorge, lente et régulière.
- La respiration « interne » (concentration sur les muqueuses respiratoires) qui permet aux maîtres d'arrêter les battements de leur cœur.

La sophrologie

C'est l'étude (*logos*) de la conscience (*phren*) harmonieuse (*sos*). Le mot et la chose ont été inventés par Alfonso Caycedo (1932), psychiatre et neurologue colombien qui s'est intéressé aux états de conscience modifiés. Il a créé une forme originale de relaxation dynamique à partir de l'hypnose médicale, en s'inspirant de la phénoménologie (philosophie de Husserl), de l'humanisme et des techniques orientales (du yoga et du zen entre autres). Le but de la sophrologie est de développer l'équilibre, le bien-être et l'intégrité. Concrètement, on s'allonge confortablement sur une table (une table de massage, par exemple) et on écoute une voix et/ou une musique, les yeux fermés. Le sophrologue, enregistré ou en direct, guide le client vers un état de conscience plus serein et plus agréable en prenant conscience de sa respiration et en acceptant ses sensations. Puis des visualisations positives sont proposées, des mini-voyages agréables qui associent le bien-être physique au relâchement mental.

Pour Don Miguel Ruiz, « seules les émotions sont réelles ». Et nous projetons ces émotions sur tout ce qui nous entoure et tout ce qui nous arrive. Malheureusement, nous attribuons à ces choses, personnes ou événements, les caractéristiques héritées de l'émotion (par exemple : « J'ai peur de mon père » devient : « Mon père est terrifiant »). Mais qu'est-ce qu'une émotion ?

Les différents types de «voyages»

Le voyage classique. C'est un déplacement dans l'espace, plus ou moins long (tous les déplacements ne sont pas des voyages).

Le voyage astral. C'est un voyage dans l'astral, c'est-à-dire, sur le plan de l'astral, une autre dimension, hors de son corps. Souvent involontaire, fréquent à l'adolescence, il peut effrayer par la vision de son corps inerte vu d'en haut, comme lorsque l'on meurt.

Le voyage artificiel. C'est un voyage hallucinatoire créé par la prise de drogues artificielles (cocaïne, héroïne, LSD, ecstasy...) ou naturelles (peyotl, ayahuasqua...). Certains chamans utilisent ces dernières parallèlement au voyage chamanique, par exemple pour «casser» la vision rationnelle du monde (ce qu'a fait Don Juan vis-à-vis de Castaneda).

Le voyage chamanique. C'est un voyage sur un autre plan, dans un autre espace, une autre «réalité». Ce voyage peut être déclenché de différentes façons, grâce à des moyens très variés: le tambour chamanique (Michael Harner, disciple de Castaneda, en est le spécialiste), la respiration holotropique, le rêve, etc.

Le dernier voyage (la mort). C'est un voyage sans retour (en principe), presque toujours décrit par ceux qui en reviennent comme la projection dans un tunnel, puis l'accès à une lumière blanche aveuglante et à un espace de paix et d'éternité inconcevable.

Les différents types de «rêves»

Le rêve classique. C'est un «voyage» sur un autre plan que la réalité ordinaire. Il en reprend tous les éléments (lieux, objets, personnages), mais en les mélangeant.

Le rêve prémonitoire. C'est la vision exacte de ce qui va se passer un peu plus tard pour soi ou pour un proche. Il peut être hyperréaliste ou symbolique (le rêve de la femme de César la veille de son assassinat, par exemple).

Le rêve de compensation. C'est le rêve de l'enfant ou de l'adulte qui satisfait la nuit son désir contrarié de la journée: il rêve de la glace que sa maman lui a refusée dans la journée.

Le rêve éveillé. C'est un voyage «doux» et conscient qui consiste à se laisser guider par la voix d'un thérapeute (un sophrologue ou un hypnothérapeute) et/ou d'une musique. Mais le «rêveur» garde une grande liberté d'interprétation des paroles ou des sons entendus.

Le rêve chamanique. C'est un rêve semi-conscient et semi-guidé. Il consiste à diriger son rêve, tâche difficile et peu ordinaire, puisque dans le rêve normal nous subissons les forces de notre inconscient et de notre subjectivité: nos désirs, nos peurs, etc. La première étape consiste à prendre conscience que l'on rêve quand on rêve (par exemple, en programmant de voir ses mains dans son rêve), puis à le faire évoluer dans le sens désiré. Comme dans le voyage chamanique, la première étape consiste souvent à rencontrer (identifier) son allié et/ou son animal totem. Cette rencontre peut se produire de façons très différentes: rencontre et discussion avec lui, identification (vous volez comme un aigle, courez comme un cheval, etc.).

Les émotions

Un peu de psychologie

– Qu'est-ce qu'une émotion ?
C'est à la fois une décharge d'énergie psychique et une réaction interne à une modification de l'environnement. C'est un changement d'état complet (corps, cœur, intellect) qui nous prépare à une réaction (action et/ou communication) rapide, voire immédiate (*motion*, « mise en mouvement » en anglais). La finalité de toutes les émotions est de réguler l'homéostasie (équilibre instable de la vie).

– Quelles sont les caractéristiques de l'émotion ?
Sa courbe est dissymétrique : montée rapide, descente lente (la mise sous tension est quasi immédiate, la redescente beaucoup plus lente). C'est pourquoi toutes les émotions sont déstabilisantes, même la joie ! La plupart des émotions sont « négatives », c'est-à-dire désagréables, mais il y en a de positives (la joie et ses dérivés). D'après Charles Darwin, elles sont innées, universelles et naturellement expressives : tout le monde les exprime de la même façon et tout le monde les reconnaît. C'est un langage naturel.

– Combien y a-t-il d'émotions ?
Il existe des dizaines d'émotions et d'états émotionnels. D'après Paul Eckman, il y a quatre + deux émotions fondamentales : la peur, la colère, la tristesse et la joie, plus l'étonnement et le dégoût. Les autres émotions seraient des dérivés ou des composés, tout comme les trois couleurs de base (le rouge, le vert et le bleu) permettent d'en

composer des millions d'autres. Le stress, cette émotion « à la mode », est un état émotionnel complexe, un mélange d'excitation, de peur et de colère.

– Quelle est la différence entre une émotion et un sentiment ?

L'émotion dure peu de temps (quelques secondes, minutes, heures) tandis que le sentiment dure beaucoup plus longtemps (mois, années). Contrairement à l'émotion, le sentiment a une courbe globalement progressive et lente. Le sentiment sert à stabiliser et à renforcer les relations humaines : tous les animaux éprouvent des émotions, mais seuls les mammifères éprouvent des sentiments. Il y a deux sentiments de base : l'amour et la haine. Tous les autres sentiments sont des dérivés ou des composés. Voici quelques dérivés de l'amour : l'amitié, la complicité et la sympathie.

– Quelle est la différence entre une émotion et une sensation ?

L'émotion est une réaction globale (cœur, corps, intellect). La sensation est limitée et localisée au niveau du corps (ressenti corporel). La sensation ne dure pas, sa durée est de l'ordre de quelques secondes. Voici quelques exemples de sensations : le froid, le chaud, la détente, la tension, le plaisir, la douleur, la fatigue, la faim, la soif...

Émotions et chamanisme

Même s'ils ne le disent pas de cette façon, tous les naguals et les chamans accordent une très grande importance aux émotions. En fait, ils jouent avec elles pour ne pas en être le jouet. La plupart d'entre eux prônent l'amour qui est à la fois un sentiment (durable) et une émotion (la décharge d'énergie qui se produit lorsqu'on « tombe amoureux » ou lorsqu'on assiste à une scène qui nous touche). La plupart d'entre eux font la chasse (la traque) aux émotions, ce qui est normal puisque les émotions sont des énergies et d'une certaine façon des « pouvoirs ».

La peur

Don Juan utilise la peur pour piéger Castaneda à devenir un chaman et son récit devient captivant – un véritable « polar » ! Don Miguel Ruiz a inspiré un livre entier sur ce sujet : *Au-delà de la peur*. Pourquoi cette importance ? Parce que la peur est l'émotion la plus archaïque, la plus animale et probablement la plus incontrôlable. Toutes les émotions nous asservissent, mais la peur est peut-être celle qui nous emprisonne le plus. Or la liberté est à la fois un but (cf. *Le voyage à Ixtlan* de Castaneda) est un préalable au cheminement du chaman. Sinon, comment pourrait-il défier les forces de la nature, plonger de l'autre côté du miroir, s'abandonner à l'invisible, affronter des ennemis insaisissables ?

La culpabilité

La culpabilité non justifiée (environ 90 %) est un poison, une drogue et une escroquerie. Si vous avez réellement commis un crime, fait du tort à quelqu'un (tuer, voler, blesser, violer, détruire, tromper, mentir, diffamer, agresser, etc.), vous devez vous sentir coupable. Sinon, vous êtes un(e) délinquant(e) ou un(e) psychotique. En revanche, si vous n'avez rien fait de mal à personne et que vous vous sentez néanmoins coupable, vous êtes tout simplement « malade », non pas mentalement, mais relationnellement. S'arroger la responsabilité du malheur des autres est une façon déguisée de se donner de l'importance et un pouvoir (que l'on n'a pas). Comme le disait Jacques Salomé : « La culpabilité est le langage de la Toute-puissance infantile. »

La tristesse

La tristesse est aussi une émotion négative dénoncée par les ténors du chamanisme : Don Juan fustige Castaneda parce qu'il passe son temps à « s'apitoyer sur son sort ». Pour lui, un guerrier n'a pas le temps ni le droit de gaspiller son énergie, son temps et son pouvoir dans une telle autosatisfaction. Don Miguel Ruiz n'en finit pas de critiquer l'instance de la victime (du bourreau), cette tendance humaine à l'autocritique et à l'autosabotage. Les Américains ont un mot adéquat pour désigner et dénoncer cette manie morbide : le *looser,* le perdant.

L'intelligence émotionnelle

« C'est la capacité à gérer ses émotions et celles des autres. » C'est Daniel Goleman qui a popularisé ce concept, déjà dans l'air du temps depuis un moment. Son génie a consisté à synthétiser des dizaines d'études universitaires autour de cette notion et à la vulgariser au bon moment. Aujourd'hui, ses livres sont des best-sellers et le sujet suscite des conférences et des formations. Il existe même depuis quelques années un test (le Bar-On) qui mesure le quotient émotionnel.

D'après lui et tous les chercheurs sur lesquels il s'appuie, l'intelligence n'est pas réductible au quotient intellectuel. De plus, ni le Q.I. ni les diplômes ne permettent de prédire la réussite ou l'épanouissement d'un individu. La capacité à réussir sa vie (et non pas dans la vie) passe, selon lui, par les autres. C'est la faculté de se faire des amis ou du moins des alliés qui importe, donc la capacité à communiquer et à influencer les autres. Pour cela, savoir gérer les émotions, régulateurs de nos relations, s'avère indispensable. L'intelligence intellectuelle est certes utile pour comprendre les choses et les situations, mais insuffisante.

Gérer ses propres émotions

Cela consiste d'abord à se connaître, du moins à essayer. C'est grâce à cette connaissance de vous que vous pourrez vous contrôler (au sens positif, celui du self-control anglo-saxon) et atteindre la maîtrise de soi. C'est aussi cette connaissance de vous-même qui vous permet de vous motiver, que ce soit à l'école ou au travail, pour passer une épreuve quelconque ou aller jusqu'au bout d'un projet – et dépasser le découragement. Gérer ses émotions permet également de développer son intuition et sa créativité. Enfin, cela permet de se remettre en question en cas d'échec ou d'erreur et, ainsi, de corriger le tir et de progresser. Enfin, gérer ses émotions, c'est aussi (être capable de) les exprimer.

Gérer les émotions des autres

C'est évidemment le pendant de la gestion de ses propres émotions, mais avec des différences notables. Tout d'abord, cela revient à connaître les autres ou du moins à essayer : on ne connaît jamais totalement quelqu'un, mais en même temps notre personnalité est une sorte de programme unique et, par conséquent, relativement identifiable. La capacité à comprendre l'autre et à se mettre à sa place s'appelle l'*empathie* (tout le monde en parle, mais très peu l'appliquent !). À partir de cette compréhension, il est beaucoup plus facile d'influencer autrui (sans le manipuler), c'est-à-dire d'obtenir de lui quelque chose. Cette capacité d'influence permet de mieux gérer les conflits (que l'on soit partie prenante ou non), mais aussi de mieux motiver les autres (cela est très utile dans le cadre d'un management, de l'éducation...). De plus, si vous savez gérer les émotions des autres, vous avez probablement une grande capacité à vous faire apprécier. Enfin, cerise sur le gâteau, cette capacité confère souvent un sens de l'humour assez prononcé, car l'humour est une décompression (collective). Les clowns sont ceux qui détectent les tensions dans le groupe et y remédient avec de l'humour.

Conclusion

La sagesse toltèque est bien universelle et intemporelle. D'ailleurs, Don Miguel Ruiz le dit à plusieurs reprises dans ses différents livres. Les éléments fondamentaux de la Toltequilla (la parole, l'ego, la perception/le rêve, le voyage et les émotions) se retrouvent dans beaucoup d'autres religions ou spiritualités, techniques de développement personnel ou thérapies modernes. Est-ce à dire que les maîtres aboutissent peu ou prou aux mêmes conclusions ? Sans doute… Mais alors, quelle est la spécificité de la voix toltèque ? C'est ce que nous allons voir maintenant.

III. La synthèse toltèque

« *Transforme tes problèmes en projets.* »
DON MANUEL AQUILO

Pourquoi une synthèse ?

Le nombre 4 est le nombre du concret, de la matière. Il est associé au carré, à la rigueur et à la rationalité. Dire de quelqu'un qu'il est « carré » signifie qu'il est rigoureux. Comme tous les nombres pairs, il est équilibré mais statique.

Le nombre 5 est le nombre du changement et du mouvement. Ce nombre impair est dynamique. Il est associé à la figure géométrique du pentagone, mais aussi au symbole de l'étoile à cinq branches qui signifie généralement l'être humain – les cinq branches correspondent aux cinq extrémités du corps : les deux jambes, les deux bras (écartés) et la tête.

Comment passe-t-on du quatre au cinq ? Grâce à la pyramide : imaginez deux forces opposées, puis deux fois deux forces opposées (comme une croix). Que se passe-t-il ? Tout dépend des forces en présence, évidemment. Si l'une des forces l'emporte sur l'autre, elle déséquilibre le système. Mais si les deux forces opposées sont égales, le résultat est nul (il n'y a aucun mouvement). Pourtant la tension est réelle et cette tension produit un mouvement inattendu... vers le haut ou le bas. Quatre forces équivalentes ont donc produit ou créé une cinquième force, qui en est la résultante.

On peut alors se demander quel est l'accord qui englobe ou transcende tous les autres ?

L'accord de synthèse

Voici l'accord de synthèse : **Considère tout problème comme une expérience, une épreuve et un apprentissage.**

Qu'est-ce qu'un « problème » ? C'est quelque chose qu'il nous faut résoudre. C'est une question à laquelle nous devons trouver une réponse. C'est un blocage dans le déroulement de notre vie. C'est un désir non satisfait, donc générateur de frustration. C'est aussi un obstacle, quelque chose ou quelqu'un qui nous empêche d'avancer et de satisfaire nos désirs et nos besoins. C'est enfin quelque chose qui ne nous plaît pas, que nous n'acceptons pas, que nous refusons, qui, selon nous, « ne devrait pas être ».

Mais au nom de quoi postulons-nous que certaines choses ne devraient pas être (puisqu'elles existent) ? Un problème est avant tout un refus de la réalité. En fait, c'est notre désir (exprimé ou non) d'autre chose qui crée le problème. Ce qui signifie qu'il suffit d'accepter la réalité en question pour faire disparaître le problème. Denise Desjardins a magistralement développé cette approche dans son livre : *La stratégie du OUI.*

Où se situent les problèmes ? Dans la réalité ? Non, dans la réalité, il n'y a que des faits et des choses (et des personnes), il y a des tsunamis, des guerres, des épidémies, des viols, des meurtres, des trahisons, des souffrances, mais pas de problème. Les problèmes se situent dans notre tête, dans notre mental. C'est le mental qui crée tous les problèmes en refusant telle ou telle partie de la réalité.

Évidemment, le mental de plusieurs personnes peut s'acoquiner pour créer un consensus sur tel ou tel problème, mais ce consensus ne transforme pas le problème en réalité. La plupart des groupes, voire tous, sont créés autour de consensus de ce type.

Ainsi, la mort n'est un problème que dans certaines cultures (occidentales, par exemple), de même que la maladie, la souffrance, la misère, le chômage, la délinquance, la drogue, la prostitution, etc.

Les deux grands types de problèmes

On peut distinguer deux grands types de problèmes : les problèmes pratiques (Comment puis-je faire pour obtenir ce que je désire ?) et les problèmes métaphysiques (Pourquoi y a-t-il quelque chose plutôt que rien ? Quel est le sens de cet événement ?). Les premiers appellent des solutions techniques ou tactiques, les seconds n'ont pas de solutions.

S'il n'y a pas de problème, comment se fait-il alors que tout le monde (ou presque) en évoque autant ? Comment expliquer que toutes les discussions (ou presque) tournent autour de ces fameux problèmes ?

La réponse tient en deux parties : tout d'abord, nous sommes tous plus ou moins « éducastrés », domestiqués, coupés de notre centre. Ensuite, le mental (de chacun d'entre nous) crée ces problèmes pour justifier son activité : le mental aime et a besoin de ces problèmes pour fonctionner.

En Occident, nous sommes tous, plus ou moins, accrocs aux problèmes et ceux-ci nous permettent de défouler (voire de canaliser ?) notre énergie négative et d'avoir raison contre quelqu'un ou du moins de chercher à avoir raison. Avoir raison est une maladie et une drogue pour l'ego qui cherche en permanence à se justifier, à se valoriser et à se donner de l'importance.

Un exemple concret

Imaginons que vous venez de perdre quelque chose que vous « possédiez » : un objet, une personne, une situation, une relation ou une activité.

Ce n'est pas un problème, juste un fait que vous refusez. Quand vous aurez accepté ce fait, le problème disparaîtra. Mais en attendant, il se peut que vous refusiez cette rupture pour toutes sortes de raisons.

Par exemple, vous êtes très attaché(e) à votre conjoint(e) qui vient de vous quitter.

La première erreur serait évidemment d'en faire une affaire personnelle (deuxième accord) : « Pourquoi me fait-il ça **à moi** ? » La réalité est souvent beaucoup plus simple et prosaïque : il (ou elle) ne **vous** a pas fait ça, mais il (ou elle) a fait ça. Ce n'est pas contre vous (rarement), donc par rapport à vous, mais par rapport à lui (ou elle), pour satisfaire ses besoins et ses désirs. Même si vous avez à faire avec un malade, un pervers narcissique ou un paranoïaque qui semble s'acharner sur vous, il ne vous abaisse que pour s'élever, pour se rehausser et combattre son sentiment d'infériorité. Comme le dit Don Miguel Ruiz, chacun vit dans son rêve, comme dans une prison.

Si un moustique vous pique, vous ne lui demandez pas pourquoi il **vous** a fait ça. Vous le supprimez ou vous vous protégez. Vous ne lui prêtez pas de mauvaises intentions, vous savez qu'il remplit son job de moustique qui consiste à piquer les humains. Et il se trouve que vous étiez là !

Qu'est-ce qui vous empêche d'interpréter votre rupture de la même façon ? Votre conjoint(e) remplit sa mission d'être humain qui consiste à satisfaire ses besoins et ses désirs. Et il se trouve que vous étiez là ! Tant qu'il avait l'impression de pouvoir les satisfaire, il (ou elle) restait avec vous et vous « aimait ». Mais dès qu'il (ou elle) n'a plus cette impression, il (ou elle) vous quitte. Normal, non ? Réfléchissez bien : vous feriez la même chose à sa place !

La deuxième erreur serait d'en faire un problème (accord de synthèse) : « Qu'est-ce que je vais devenir ? Ma vie est finie ! Pourquoi cela m'arrive à moi ? Ce n'est pas possible ! »

Considérez que vous êtes à l'école de la Vie, une école non officielle, où vous avez néanmoins tous les jours des leçons à apprendre (voir le texte sur les « leçons de la vie », p. 188). Demandez-vous donc quelle est la leçon ?

Si cet événement indésirable vous est déjà arrivé, demandez-vous quelle leçon vous n'avez pas encore apprise ou pas voulu entendre, quel est l'enseignement que vous avez refusé et qui vous a amené(e) jusque-là ?

Demandez-vous ensuite ce que cette situation vous apprend sur vous, sur les autres, sur les hommes ou les femmes, sur l'amour ou le couple et sur la vie en général ?

Demandez-vous enfin quel sens vous voulez donner à cette expérience ? Et prenez une décision : la prochaine fois, la prochaine relation, vous changerez quoi chez vous ?

Car tout « problème » est une leçon à laquelle nous devons répondre par un changement de comportement ou d'attitude, de pensée ou d'action, de croyance ou de valeur. Tout problème est un apprentissage qui nous demande de nous adapter, de changer quelque chose en nous.

« Tout ce qui ne me tue pas me rend plus fort. »

« On n'entend que les questions auxquelles on est en mesure d'apporter une réponse. »

Friedrich NIETZSCHE

Si vous décidez d'en faire un projet ou un processus d'apprentissage, les choses seront beaucoup plus simples et se résumeront à quelques questions :

1. **Que vous apprend cette situation ?**
   - Quelle a été votre erreur passée ? Quelle erreur vous a conduit(e) à cette situation ?
   - Que devez-vous comprendre de la situation présente ? Quelle réalité refusez-vous ?

2. **Que devez-vous changer ?**
   - Que devez-vous changer pour éviter à l'avenir de revivre la même situation ?
   - Que devez-vous changer pour éviter la frustration ou la souffrance ?

Consignes de lecture et de l'exercice :
Répondez à toutes les questions qui vous interpellent. Vous n'êtes pas obligé(e) de répondre à **toutes** les questions. Et vous pouvez évidemment ajouter vos propres questions à celles-ci.

Amusez-vous bien !

« Deviens celui que tu es ! » (Nietzsche)

Toute épreuve a un sens... celui que vous lui donnez ! Quel sens donnez-vous à vos épreuves ? Une malédiction ? Une opportunité ? Une chance ou une malchance ? En tout état de cause, chaque épreuve vous oblige et vous permet à la fois de vous **définir**, c'est-à-dire de découvrir qui vous êtes et de vous dépasser en même temps. Paradoxal ? Oui, mais la vérité ultime ne l'est-elle pas ? En fait, toute épreuve vous révèle ou, plus exactement, révèle votre potentiel, que vous ne connaissez pas forcément, pas plus que vos proches d'ailleurs !

« Connais-toi toi-même... et tu connaîtras les secrets de l'univers et des dieux », dit une inscription sur le fronton du temple de Delphes où officiait le plus grand oracle de l'Antiquité. Toute épreuve est un miroir qui vous permet de vous redécouvrir : qui êtes-vous vraiment ? Et d'abord, quels sont vos besoins ? Les besoins sont les moteurs de toutes vos actions et la source de toutes vos émotions. C'est dire leur importance !

Malheureusement, personne ne vous a appris à identifier vos besoins et même ce qu'est un besoin ! Un besoin est un déséquilibre (un manque ou parfois un excès) interne. Et les besoins se transforment naturellement en désirs focalisés sur des choses, des actes, des relations ou des personnes (à l'extérieur, dans le monde objectif). Voici les douze familles de besoins, opposés deux à deux...

La « balance » des besoins :

- Physiologiques/intellectuels et spirituels.
- De sécurité/de liberté.
- D'appartenance/de réalisation.
- De stimulation/d'ordre.
- De communication/de solitude.
- De reconnaissance/de contrôle.

Pour en savoir plus, vous pouvez lire de Patrice Ras, *Les besoins psychologiques*, Jouvence (Clin d'œil), 2010.

Les douze besoins

Besoins physiologiques
- respirer, boire, manger, être propre
- se reposer, faire l'amour, bouger

Besoins de sécurité
- matérielle, financière, professionnelle
- intellectuelle, spirituelle, relationnelle

Besoins d'appartenance
- ethnique (famille, ville, région, peuple)
- groupes (entreprise, sport, religion, parti)

Besoins de stimulation
- de stress, d'excitation, de changement
- de découverte, de jeu, de défi

Besoins de communication
- aimer et être aimé (amour, amitié, respect)
- échanger/être en relation/rencontrer →

Besoins de reconnaissance
- se sentir important, valorisé, unique, utile (indispensable), fier de soi

Besoins intellectuels et spirituels
- s'informer, apprendre, comprendre
- donner un sens à sa vie, être en contact avec le sacré

Besoins de liberté
- décider et faire les choses par rapport à soi
- écouter/respecter ses besoins et désirs

Besoins de réalisation
- utiliser son potentiel, créer, s'affirmer
- progresser, se dépasser, avoir un but

Besoins d'ordre
- de stabilité, de clarté, de paix, de calme, d'harmonie, d'équilibre

Besoins de solitude (de se retrouver)
- besoin de solitude, de temps pour soi

Besoins de contrôle (pouvoir)
- sur les choses, les événements, les gens et soi

Un conflit

Vous êtes en conflit avec quelqu'un : vous pouvez en faire un problème ou un apprentissage. C'est à vous de décider ! Si vous décidez d'en faire un problème, vous allez souffrir et vous ne résoudrez rien (contrairement à ce que vous croyez). En effet, si vous pensez avoir un problème, c'est que vous refusez la réalité, votre réalité, votre présent : vous pensez que ce qui est (la relation, la personne ou son comportement **ne devrait pas être**. Vous allez donc chercher par tous les moyens à supprimer ce qui est... Et vous croyez que la personne ou la chose va se laisser faire ? Qu'elle ne réagira pas ? Qu'elle va accepter votre diktat ? Quelle n'essaiera pas de se venger si, par hasard, vous réussissez à lui imposer votre désir ?

Premier exemple de conflit (personnel)

Vous êtes en conflit avec votre enfant qui ne travaille pas assez à votre goût et ne pense qu'à jouer à la PlayStation, à chatter avec ses potes ou à téléphoner à ses copines... Alors que vous, vous pensez à son avenir, au chômage (des jeunes), à la compétition forcenée dans les concours et les recrutements et à ses notes très moyennes...

1. Que vous apprend cette situation ?

– Quelle a été votre erreur passée ? Quelle erreur vous a conduit(e) à cette situation ?

◇ Peut-être n'avez-vous pas su lui inculquer le sens de l'effort et du travail ?

◆ Je n'ai pas transmis à mon enfant :

~~~~~~

◇ Peut-être l'avez-vous habitué à tout recevoir sans effort ou presque (si vous l'avez élevé comme un enfant roi) ?

◇ Peut-être n'avez-vous pas pris assez de temps pour connaître votre enfant (ses projets, ses motivations, sa confiance en lui, ses ressources, ses craintes et ses failles) ?

◆ Mon enfant est mal avec :

~~~~~~

– **Que devez-vous comprendre de la situation présente ?**

◇ Peut-être que votre enfant n'est pas motivé par les études et le travail (il est peut-être plus manuel qu'intellectuel) ?

◆ Mon enfant est motivé par :

~~~~~~

◇ Peut-être qu'il ne sait pas ce qu'il veut faire (paresse = absence de motivation) ?

◆ Il envisage de faire :

~~~~~~

◇ Peut-être que vous êtes exagérément angoissé(e) ? Qu'est-ce qui vous angoisse à ce point ?

◇ Est-ce vraiment l'avenir de votre enfant ou votre image ?

◇ N'est-ce pas votre angoisse que vous projetez sur lui (avenir = prétexte) ?

◇ Peut-être éprouvez-vous une sorte de jalousie par rapport à l'insouciance de votre enfant (à votre époque, il fallait travailler, se battre...) ?

◇ Pourquoi voulez-vous changer votre enfant ?

◆ Je veux qu'il change parce que :

~~~~~~

◇ Pourquoi attendez-vous (exigez-vous) qu'il pense et se comporte comme un adulte... qu'il n'est pas encore ?

◆ Je veux qu'il soit « adulte » parce que :

~~~~~~

◇ Qui est frustré dans cette relation ? Probablement vous seulement ? Pourquoi ?

◆ Je suis frustré(e) parce que :

~~~~~~

◇ Quels sont, dans cette situation, vos besoins non satisfaits (la sécurité par exemple : **vous** avez peur pour son avenir...) ?

◆ Mes besoins non satisfaits sont :

~~~~~~

– **Quelle réalité refusez-vous ?**

◇ Peut-être refusez-vous d'accepter la réalité d'un enfant/adolescent/adulescent (grand enfant de la génération de *Tanguy*) ?

◆ Je refuse chez mon enfant :

~~~~~~

◇ Peut-être refusez-vous l'incertitude et l'insécurité actuelles, que ce soit pour vous ou pour votre progéniture ?

◇ Peut-être refusez-vous que votre enfant ne corresponde pas à un certain standard (niveau social, intellectuel, financier ou autre) ?

◆ Je refuse que mon enfant ne soit pas :

~~~~~~

◇ Peut-être avez-vous une image idéale et/ou fausse de lui (projection de vos désirs insatisfaits sur lui) ?

◇ Peut-être cherchez-vous à changer votre enfant en adulte ou en clone de... vous-même par exemple ?

2. ***Que devez-vous changer ?***

- **Que devez-vous changer pour éviter à l'avenir de revivre la même situation ? Que devez-vous changer pour éviter la frustration ?**

◊ Peut-être devez-vous parler davantage avec votre enfant et écouter **son** point de vue ?

♦ Je vais parler avec mon enfant de :

~~~~~~

◊ Peut-être devez-vous lâcher prise sur quelque chose ?

◊ Si oui, sur quoi devez-vous lâcher prise, sur quelles attentes ou quelles exigences irréalistes ?

♦ Je vais lâcher prise sur :

~~~~~~

◊ Peut-être devez-vous arrêter d'exiger que votre enfant vous ressemble ou raisonne comme vous ?

◊ Peut-être devez-vous accepter la réalité (celle de votre enfant ou celle de la société actuelle) ?

◊ Si vous êtes vraiment trop mal dans cette situation, peut-être devriez-vous faire une psychothérapie ?

◊ Peut-être devez-vous simplement faire le point sur votre vie aujourd'hui ?

♦ Je fais le point avec :

~~~~~~

◊ Peut-être ne correspond-elle pas ou plus à vos aspirations de base et que vous projetez votre frustration sur ce (faux) problème ?

♦ Mes aspirations aujourd'hui sont :

~~~~~~

Exercice supplémentaire pour les plus motivés : Appliquez ces questions à chacun de vos conflits familiaux chroniques ou importants et regardez/écoutez/sentez ce qui se passe en vous : toutes ces questions ne vous donneront pas de réponse, mais certaines (les bonnes) devraient vous éclairer et déclencher des prises de conscience.

Deuxième exemple de conflit (personnel)

Vous êtes en conflit avec votre conjoint(e) sur un sujet quelconque : l'éducation ou l'orientation des enfants (permissivité contre exigence), la relation avec un tiers (de la famille ou non), l'éventualité d'un changement de lieu de vie (déménagement ou achat d'un appartement, d'une maison), la gestion des finances communes (répartition de la quote-part de chacun dans la caisse commune ou utilisation de cette caisse), aménagement de votre habitation (répartition et décoration des pièces en fonction des besoins de chacun), gestion du temps (vacances, week-ends et soirées, à l'extérieur ou à la maison). Bref, les sujets ne manquent pas !

1. Que vous apprend cette situation ?

– Quelle a été votre erreur passée ? Quelle erreur vous a conduit(e) à cette situation ?

◇ Peut-être n'avez-vous pas assez discuté avec votre conjoint(e) sur la vie commune **avant** de vivre avec lui (elle) ?

◇ Peut-être ne discutez-vous pas assez avec votre conjoint(e) sur la vie commune au fur et à mesure que les choix apparaissent ?

◆ Je discute avec mon (ma) conjoint(e) à propos de :

~~~~~~

◇ Peut-être discutez-vous assez avec votre conjoint(e), mais pas de la bonne façon ?

◆ Je vais changer ma façon de discuter avec lui (elle) :

~~~~~~

◇ Peut-être que vous ne savez pas discuter avec votre conjoint(e) sans vous disputer ?

◇ Si c'est le cas, peut-être que ces disputes avec votre conjoint(e) masquent un autre « problème », une autre difficulté (rancœurs, frustrations, etc.) ?

◆ Nos disputes cachent un autre problème :

~~~~~~

◇ Peut-être avez-vous tendance à chercher à imposer votre point de vue à l'autre (et/ou la réciproque) ?

◆ Qui cherche à imposer son point de vue à l'autre ?

~~~~~~

◇ Peut-être y a-t-il une rivalité consciente ou inconsciente (réciproque ou non) entre vous ?

◆ Quelle rivalité existe entre nous ?

~~~~~~

– **Que devez-vous comprendre de la situation présente ?**

◇ Peut-être que cette relation ne correspond pas ou plus à vos attentes ?

◆ J'attends de cette relation :

~~~~~~

◇ Peut-être que votre conjoint(e) ne correspond pas ou plus à vos attentes ?

◆ J'attends de mon (ma) conjoint(e) :

~~~~~~

◇ Peut-être que votre relation tourne en rond ou s'affaiblit ? Ce peut être le cas si votre relation dure depuis environ sept ans : en sept ans, toutes les cellules de votre corps ont été remplacées, vous êtes donc réellement différents vous et votre conjoint(e), ce qui explique la crise des sept ans : ça passe ou ça casse !

◆ Nous vivons ensemble depuis :

~~~~~~

◇ Si vous êtes ensemble depuis sept ans (ou un multiple de sept), vous devez peut-être redéfinir votre relation ?

◆ J'ai envie de redéfinir :

~~~~~~

◇ En sept ans, beaucoup de choses ont probablement changé, chez vous, chez votre conjoint(e) ou chez les deux : les enfants (naissance, départ, adolescence, évolution), la beauté/le sex-appeal, les revenus, le statut social et/ou intellectuel (formation et diplômes), les parents (décès, séparation, placement en maison de retraite…), les amis (en plus ou en moins), la confiance en soi (à la hausse ou à la baisse), la dépendance par rapport à votre conjoint(e) ou à d'autres personnes…

◆ Qu'est-ce qui a changé chez moi en sept ans ?

~~~~~~

◆ Qu'est-ce qui a changé chez mon (ma) conjoint(e) en sept ans ?

~~~~~~

◆ Qu'est-ce qui a changé chez nous deux en sept ans ?

~~~~~~

◇ Peut-être que vous vous disputez trop ou trop peu ? Les couples qui durent semblent être ceux qui se disputent de temps en temps ?

◆ Nous nous disputons à la fréquence de :

~~~~~~

◇ Peut-être que vous vous disputez mal, c'est-à-dire sans utiliser la dispute pour « remettre les pendules à l'heure », remettre les choses à plat et surtout redéfinir les règles du jeu (qui fait quoi) ?

◆ Notez pour vos trois dernières disputes les décisions collectives et les améliorations réelles qui ont suivi :

- dernière dispute :

~~~~~~

- avant-dernière dispute :

~~~~~~

- avant-avant-dernière dispute :

~~~~~~

– **Quelle réalité refusez-vous ?**

◇ Peut-être refusez-vous d'accepter la réalité du couple (les désaccords inévitables, les tensions, les concessions, le partage du pouvoir...) ?

♦ Dans mon couple, je refuse :

~~~~~~

◇ Peut-être avez-vous une image idéale et/ou fausse de votre conjoint(e) – ce qu'il (elle) était au début de votre relation ou ce que vous voudriez qu'il (elle) soit ?

♦ Mon (ma) conjoint(e) devrait être :

~~~~~~

◇ Peut-être refusez-vous d'accepter la réalité de votre conjoint(e) ?

♦ Je refuse que mon (ma) conjoint(e) :

~~~~~~

2. *Que devez-vous changer ?*

– **Que devez-vous changer pour éviter à l'avenir de revivre la même situation ? Que devez-vous changer pour éviter la frustration ?**

◇ Peut-être devez-vous parler davantage avec votre conjoint(e) ?

♦ Je vais parler avec mon (ma) conjoint(e) de :

~~~~~~

◇ Peut-être devez-vous écouter davantage **son** point de vue ?

◇ À l'inverse, peut-être devez-vous **vous** faire écouter davantage, donc vous affirmer ?

◇ Peut-être devez-vous parler **autrement** avec votre conjoint(e) – par exemple, pratiquer la communication du **je** et vous interdire le **tu** et le **on** ?

♦ Je commence à pratiquer la communication du **je** dès le ou à chaque fois que :

~~~~~~
~~~~~~

◇ Peut-être devez-vous lâcher prise ? Arrêter d'exiger que tout se passe « bien » (fusion ?) et accepter finalement un minimum de tensions, de désaccords et de malentendus ?

◆ Je vais lâcher prise sur :

◇ Peut-être devez-vous accepter la réalité, celle de votre conjoint(e) ou celle de votre relation actuelle ?

◆ Actuellement, la réalité est que :

◇ Si vous êtes vraiment trop mal dans cette situation, peut-être devriez-vous faire une psychothérapie ?

◆ Je contacte un psy le :

◇ Peut-être devez-vous simplement faire le point sur votre vie aujourd'hui ? Car peut-être ne correspond-elle pas ou plus à vos aspirations de base et que vous projetez votre frustration sur ce (faux) problème ?

◆ Ce qui cloche dans ma vie aujourd'hui, c'est :

Exercice supplémentaire pour les plus motivés : Appliquez ces questions à chacun de vos conflits familiaux chroniques ou importants et regardez/écoutez/sentez ce qui se passe en vous : toutes ces questions ne vous donneront pas de réponse, mais certaines (les bonnes) devraient vous éclairer et déclencher des prises de conscience.

Une décision difficile (hésitation)

Premier exemple d'hésitation (personnelle)

Vous hésitez entre deux personnes (A et B) dans le cadre d'une relation amoureuse. Vous avez d'abord choisi l'une (A), puis vous l'avez trompée ou échangée avec une autre (B) et, au final, vous n'êtes pas particulièrement bien. Aucune des deux relations ne vous comble. Aujourd'hui, vous envisagez même de repartir à zéro (en solo). Vous pouvez intégrer une variante à trois ou quatre personnes.

1. Que vous apprend cette situation ?

– Quelle a été votre erreur passée ? Quelle erreur vous a conduit(e) à cette situation ?

◇ Peut-être ne savez-vous pas ce que vous attendez d'une relation amoureuse ?

◆ J'attends d'une relation amoureuse :

~~~~~~

◇ Peut-être ne savez-vous pas ce dont vous avez besoin ?

◆ Mes besoins psychologiques en couple sont :

~~~~~~

◇ Peut-être ne prenez-vous pas le temps de connaître vos partenaires (choix par impulsion, pulsion, flash...) ?

◆ Je démarre une relation amoureuse :

~~~~~~

◇ Peut-être n'avez-vous pas pris le temps de vérifier la compatibilité (sexuelle, affective, relationnelle, de valeurs, de projets, etc.) avec vos partenaires ?
~~~~~~

◆ Incompatibilités avec A :

~~~~~~

◆ Incompatibilités avec B :

~~~~~~

◇ Peut-être vous êtes-vous laissé(e) séduire par un(e) partenaire qui ne vous aime pas vraiment ?
◇ Ou peut-être que votre partenaire vous aime vraiment, mais que vous ne vous sentez pas aimé(e) ?
◆ Ce qui m'empêche de me sentir aimé(e), c'est :

~~~~~~

◇ À l'inverse, peut-être vous êtes-vous laissé(e) aimer sans prendre le temps d'aimer vraiment ?
◇ Si c'est le cas, qu'est-ce qui vous empêche d'aimer : la peur, la honte, un autre besoin, désir ou frein ?
◆ Ce qui m'empêche d'aimer, c'est :

~~~~~~

– **Que devez-vous comprendre de la situation présente ?**
◇ Qu'est-ce qui vous manque ? Est-ce le sexe, le sentiment d'être aimé(e) ou d'aimer, la communication, l'harmonie, la reconnaissance/la valorisation de/par votre partenaire, l'accord (compatibilité des projets, des valeurs, etc.) ?
◆ Il me manque :

~~~~~~

◇ À l'inverse, qu'est-ce qui est de trop ?
◇ Quels sont vos besoins insatisfaits dans ces deux relations (ce ne sont pas forcément les mêmes !) ?
~~~~~~

♦ Mes besoins non satisfaits dans ces relations sont :
– Pour A :

~~~~~~

– Pour B :

~~~~~~

◇ Qu'est-ce qui ne fonctionne pas ?
◇ Qu'est-ce qui n'a jamais fonctionné ?
◇ Qui est frustré dans ces relations ? Vous ? L'autre ? Ou les deux ?
◇ Qui a pris l'initiative de la rupture ? Toujours vous ? Ou toujours l'autre ? Ou les deux partenaires ?
♦ Celui qui a pris l'initiative, c'est :

~~~~~~

– **Quelle réalité refusez-vous ?**
◇ Peut-être refusez-vous d'accepter la réalité d'un couple (contraintes, quotidien, diminution du désir, concessions) ?
♦ Je refuse :

~~~~~~

◇ Peut-être refusez-vous l'autre tel(le) qu'il (elle) est ?
◇ Peut-être avez-vous une image idéale et/ou fausse de la relation amoureuse (fusion) ?
♦ Mon image de la relation amoureuse, c'est :

~~~~~~

◇ Peut-être avez-vous une image idéale et/ou fausse de l'autre sexe : Prince(sse) charmant(e) ?
♦ Mon image de l'autre sexe, c'est :

~~~~~~

◇ Peut-être avez-vous une image idéale et/ou fausse de vous-même (en couple) ?

◆ Mon image de moi-même (en couple), c'est :

~~~~~~

◇ Peut-être attendez-vous trop de vos partenaires qu'ils (elles) comblent tous vos besoins et vos désirs, réparent toutes vos blessures et effacent tous vos échecs ?

◆ J'attends de mes partenaires :

~~~~~~

◆ J'attends de A :

~~~~~~

◆ J'attends de B :

~~~~~~

2. *Que devez-vous changer ?*

– **Que devez-vous changer pour éviter à l'avenir de revivre la même situation ? Que devez-vous changer pour éviter la frustration ?**

◇ Peut-être devez-vous lâcher prise sur certaines de vos exigences – encore faut-il que vous en soyez conscient(e) ?

◆ Je vais lâcher prise sur :

~~~~~~

◇ Peut-être devez-vous cesser d'exiger l'impossible ou des choses que l'autre ne peut pas vous apporter ? Pour le savoir, lui parler est la seule solution.

◇ Peut-être devez-vous accepter la réalité (celle du couple, de l'autre et de vous-même) ?
~~~~~~

◊ Peut-être devez-vous entreprendre une psychothérapie, surtout si vous revivez les mêmes blocages ou échecs ?

♦ Je revis régulièrement le blocage :

~~~~~~

◊ Peut-être devez-vous simplement faire le point sur vos aspirations profondes (besoins et désirs) ?

♦ Je fais le point avec :

~~~~~~

Exercice supplémentaire pour les plus motivés

Appliquez ces questions à chacune de vos hésitations personnelles ou importantes et regardez/écoutez/sentez ce qui se passe en vous : toutes ces questions ne vous donneront pas de réponse, mais certaines (les bonnes) devraient vous éclairer et déclencher des prises de conscience.

Deuxième exemple d'hésitation (professionnelle)

Vous hésitez entre deux postes (A et B) dans le cadre d'un recrutement ou d'une promotion interne. Vous avez d'abord choisi le A, mais ce poste ne vous convient pas et vous regrettez déjà l'autre (B). Peut-être avez-vous « switché » pour l'autre poste (idéalement avant la fin de la période d'essai) ? Dans tous les cas, vous êtes insatisfait(e).

1. Que vous apprend cette situation ?

– Quelle a été votre erreur passée ? Quelle erreur vous a conduit(e) à cette situation ?

◇ Peut-être ne savez-vous pas qui vous êtes (quels sont vos besoins, souhaits, qualités, compétences, valeurs, etc.) ?

◇ Peut-être ne savez-vous pas ce que vous attendez professionnellement ?

◆ Mes attentes professionnelles sont :

~~~~~~~~~~

◇ Peut-être ne savez-vous pas ce dont vous avez besoin pour vous épanouir au travail ?

◆ Mes besoins au travail sont :

~~~~~~~~~~

◇ Peut-être ne savez-vous pas quels sont vos atouts, (qualités, compétences, valeurs, etc.) ?

◆ Mes atouts professionnels sont :

~~~~~~~~~~

◇ Peut-être n'avez-vous pas pris le temps de vérifier la compatibilité du poste (rémunération, responsabilité, autonomie, charge de travail, contraintes, personnalité de votre manager, etc.) avec vos aspirations et capacités ?

◆ Je fais le point avec :

~~~~~~~~~~

◇ Peut-être n'avez-vous pas osé vous renseigner sur le poste, l'entreprise et votre futur manager (par peur, timidité, soumission, attentisme, etc.) ?

◇ Peut-être vous êtes-vous laissé(e) recruter sans vérifier que ce poste correspond aussi à votre projet ?

◇ À l'inverse, peut-être vous êtes-vous trop bien vendu(e) sans prendre le temps de vérifier que vous correspondiez vraiment au profil recherché (qualités, compétences, surcompétence, disponibilité, mobilité, etc.) ?

◆ Mes manques par rapport au profil recherché :

~~~~~~

– **Que devez-vous comprendre de la situation présente ?**

◇ Qu'est-ce qui vous manque : le plaisir de travailler, le sentiment d'être utile, une bonne communication avec vos collègues, la reconnaissance de/par votre manager, l'accord/compatibilité des projets ou des valeurs, etc. ?

◆ Ce qui me manque :

~~~~~~

◇ À l'inverse, qu'est-ce qui est en trop ?

◇ Quels sont vos besoins non satisfaits dans ce poste (ce ne sont pas forcément les mêmes pour les deux postes) ?

◆ Mes besoins non satisfaits dans ce poste sont :

~~~~~~

◇ Qu'est-ce qui ne fonctionne dans ce poste ?

◇ Qu'est-ce qui n'a jamais fonctionné au travail ?

◇ Qui est insatisfait de l'autre ? Vous ? Votre manager ? Ou les deux ?

◇ Qui a pris l'initiative de la rupture ? Toujours vous ? Ou toujours l'autre ? Ou les deux partenaires ?

– **Quelle réalité refusez-vous ?**

◇ Peut-être refusez-vous la réalité du travail et d'un poste (les contraintes, la hiérarchie, la pression, le stress, les clans, la duplicité des gens et des discours, etc.) ?
~~~~~~

♦ Je refuse :

~~~~~~

◊ Peut-être refusez-vous le travail (salarié) tel qu'il est ?
◊ Peut-être refusez-vous le secteur d'activité dans lequel vous travaillez ?
◊ Peut-être avez-vous une image idéale et/ou fausse du travail (fusion) ou de l'entreprise (censée satisfaire tous vos besoins) ?
♦ Mon image du travail, c'est :

~~~~~~

♦ Mon image de l'entreprise, c'est :

~~~~~~

◊ Peut-être avez-vous une image idéale et/ou fausse de vous-même au travail ?
♦ Mon image de moi-même au travail, c'est :

~~~~~~

◊ Peut-être cherchez-vous à changer vos interlocuteurs (manager, collaborateurs, collègues, clients...) ?
♦ Je cherche à changer :

~~~~~~

2. *Que devez-vous changer ?*

– **Que devez-vous changer pour éviter à l'avenir de revivre la même situation ? Que devez-vous changer pour éviter la frustration ?**

◊ Peut-être devez-vous lâcher prise sur vos exigences ?
♦ Je dois lâcher prise sur :

~~~~~~

◇ Peut-être devez-vous arrêter d'exiger l'impossible ou des choses que l'entreprise ne peut pas vous apporter ?

◆ L'entreprise ne m'apporte pas :

~~~~~~

◇ Peut-être devez-vous accepter la réalité (les contraintes du travail salarié, celles des relations professionnelles…) ?

◆ Je devrais accepter :

~~~~~~

◇ Peut-être devez-vous vous faire aider : évaluation, bilan de compétences, coaching, formation, etc. ? Surtout si vous avez le sentiment de ne pas être vraiment à votre place ou simplement pour faire le point sur vos aspirations professionnelles (évolution, poste, secteur, région) ?

◆ Je m'informe sur :

~~~~~~

◆ Je vais faire un bilan le :

~~~~~~

◇ Peut-être manquez-vous d'assurance/de confiance en vous (spécialité féminine) ?

◆ Mon degré de confiance en moi sur 10 est de :

~~~~~~

◆ Ce qu'en pensent mes proches :

~~~~~~

◇ Peut-être devez-vous, dans ce cas, suivre un stage de confiance en soi ou d'assertivité (s'affirmer sans agresser) ?

◆ Je m'informe sur une formation auprès de :

~~~~~~
~~~~~~

◇ Si vous ne pouvez rien obtenir de votre entreprise (conflit, manque de finance, mauvaise volonté...), peut-être auriez-vous intérêt à faire une psychothérapie (brève), que vous ferez quand vous le voudrez ?

◆ Je m'informe sur une psychothérapie auprès de :

◇ Si vous avez trop confiance en vous (spécialité masculine), demandez-vous si vous n'êtes pas arrivé à votre degré d'incompétence. Lisez *Le principe de Peter* de Laurence J. Peter et faites-vous évaluer objectivement (bilan de compétences, Assessment Center si vous êtes manager ou expert) ou subjectivement (360 degrés). Et é**coutez** ce que les autres vous disent...

◆ Je m'informe sur une évaluation auprès de :

◇ Réfléchissez tranquillement avant de tout lâcher. Peut-être que vous devez changer seulement de poste, de service, d'entreprise, de secteur d'activité ou de lieu géographique ?

◆ Je dois seulement lâcher :

◇ Si vous n'y voyez pas clair, faites-vous aider :

– par votre manager si vous vous entendez bien avec lui ;
– par le service Gestion de carrière, s'il en existe un (dans toutes les grandes entreprises) ;
– par un consultant spécialisé en évaluation professionnelle (bilan de compétences ou Assessment Center) ;
– par un proche qui vous connaît ainsi que votre univers professionnel (un collègue devenu un ami, par exemple).

♦ Qui peut m'aider ?

Exercice supplémentaire pour les plus motivés : Appliquez ces questions à chacune de vos hésitations professionnelles chroniques ou importantes et regardez/écoutez/sentez ce qui se passe en vous : toutes ces questions ne vous donneront pas de réponse, mais certaines (les bonnes) devraient vous éclairer et déclencher des prises de conscience.

Une mission... impossible

Premier exemple de mission impossible (professionnelle)

Vous êtes déjà bien chargé(e) en travail quand votre chef vous rajoute une nouvelle mission peu évidente. Bon gré, mal gré, vous essayez de la mener à bien, mais le manque de temps, de préparation, d'information, de formation ou de moyens (matériels, humains, financiers) vous amènent à envisager le pire : sans doute allez-vous rater cette mission, rater vos autres missions courantes et dégringoler dans l'appréciation de votre chef ?

1. Que vous apprend cette situation ?

– Quelle a été votre erreur passée ? Quelle erreur vous a conduit(e) à cette situation ?

◇ Peut-être n'osez-vous pas dire non (manque d'assertivité) ?

♦ Ce qui m'empêche de dire non, c'est :

◇ Peut-être ne savez-vous pas jusqu'où vous devez accepter du travail de votre chef ?

◆ Mes obligations (horaires, objectifs, etc.) sont :

~~~~~~

◇ Peut-être ne connaissez-vous pas vos limites : ce dont vous êtes capable au travail (quelles sont vos compétences et quelle est votre disponibilité) ?

◆ Mes limites réelles sont :

~~~~~~

◇ Peut-être vous êtes-vous laissé(e) influencer sans vérifier l'adéquation entre la mission et vos capacités/disponibilité ?

◆ L'inadéquation avec cette mission tient à :

~~~~~~

◇ À l'inverse, peut-être êtes-vous parfaitement capable de mener à bien cette mission et que vous vous affolez pour rien ? Si c'est le cas, ce doit être une habitude chez vous et vous manquez sans doute de confiance ne vous ?

◆ Mes affolements passés (pour rien) :

~~~~~~

◇ Peut-être n'avez-vous pas pris le temps de connaître votre poste avant de l'accepter (quantité de travail, contraintes, fonctionnement de votre chef…) ?

◆ Les zones d'ombre de mon poste :

~~~~~~

◇ Peut-être n'avez-vous pas pris le temps de vérifier la compatibilité de votre chef (formation, expérience,
~~~~~~

personnalité, langage, style de management : contrôle, délégation, écoute, confiance, etc.) avec vous ?

◆ Incompatibilités avec mon chef :

~~~~~~

◇ Peut-être que votre chef est incompétent ?

◆ Les signes d'incompétence de mon chef :

~~~~~~

– **Que devez-vous comprendre de la situation présente ?**

◇ Qu'est-ce qui vous manque : du temps, de l'organisation, des informations, des compétences, des moyens, etc. ?

◆ Ce qui me manque :

~~~~~~

◇ À l'inverse, qu'est-ce qui est en excès : le travail, les priorités, les informations, etc. ?

◆ Ce qui est en excès à mon travail :

~~~~~~

◇ Quels sont vos besoins non satisfaits dans cette situation ?

◆ Mes besoins insatisfaits au travail sont :

~~~~~~

◇ Avez-vous déjà vécu une situation analogue ?

◇ Si oui, avez-vous réussi ?

◇ Si oui, comment avez-vous fait ?

◇ Si non, pourquoi n'avez-vous pas réussi ?

◇ Comment expliquez-vous ce scénario répétitif (pourquoi « retombez-vous dans le même panneau ») ?
~~~~~~

◇ Avez-vous des collègues ayant vécu la même situation ?
◆ Lesquels ?

~~~~~~

◇ Si oui, pouvez-vous leur demander de l'aide ?
◆ Auxquels ?

~~~~~~

◇ Pouvez-vous vous inspirer de leurs réussites ?
◆ Je vais m'inspirer de telles réussites en faisant :

~~~~~~

– **Quelle réalité refusez-vous ?**
◇ Peut-être refusez-vous d'accepter des limites, à commencer par les vôtres ? Vous n'êtes pas tout(e)-puissant(e) !
◆ Je refuse telles limites :

~~~~~~

◇ Peut-être refusez-vous de vous affirmer pour ne pas vous confronter à votre chef, pour ne pas avoir de conflit ?
◇ Peut-être refusez-vous votre chef, votre travail, votre poste, votre service ou votre entreprise tels qu'ils sont ?
◆ Je refuse :

~~~~~~

◇ Peut-être refusez-vous ce que vous êtes ou n'êtes pas : vos capacités et vos limites réelles ?
◆ Je refuse chez moi :

~~~~~~

2. ***Que devez-vous changer ?***

– Que devez-vous changer pour éviter à l'avenir de revivre la même situation ?

◇ Peut-être devez-vous (apprendre à) vous affirmer ?

◆ Je commence à m'affirmer le :

◇ Quels moyens allez-vous utiliser : stage d'assertivité ou de confiance en soi, coaching, psychothérapie ou autoformation (lectures, discussions, conférences...) ?

◆ Je vais faire :

◇ Peut-être devez-vous accepter la réalité (celle du travail salarié, des relations professionnelles...) ?

◇ Peut-être devez-vous faire un point avec votre chef, si vous avez le sentiment de ne pas être vraiment à la hauteur ou qu'il vous surcharge de travail, ou encore qu'il ne se rend pas compte de votre stress ?

◆ Je fais le point avec mon chef le :

◇ Peut-être devez-vous réviser votre organisation de travail, seul(e) ou avec des personnes compétentes, notamment si vous avez toujours les mêmes difficultés ?

◆ Je révise mon organisation de travail :

◇ Peut-être devez-vous vérifier ce qu'il y a derrière cette situation (incompétence de votre chef, volonté de vous tenir en échec, recrutement bâclé, poste intenable) ?

◆ Derrière cette situation, il y a :

◇ Peut-être que vous n'êtes pas fait(e) pour ce poste, ce chef, ce service, cette entreprise ou secteur d'activité ?

◆ Je ne suis pas fait(e) pour :

~~~~~~

Exercice supplémentaire pour les plus motivés : Appliquez ces questions à chacune de vos missions impossibles professionnelles et regardez/écoutez/sentez ce qui se passe en vous : toutes ces questions ne vous donneront pas de réponse, mais certaines (les bonnes) devraient vous éclairer et déclencher des prises de conscience.

Deuxième exemple de mission impossible (personnelle)

Vous élevez seul(e) vos enfants, tout en travaillant et en prenant en charge accessoirement d'autres personnes (parents, frères ou sœurs, amis, voisins, etc.). Vous commencez à craquer...

1. Que vous apprend cette situation ?

– Quelle a été votre erreur passée ? Quelle erreur vous a conduit(e) à cette situation ?

◇ Peut-être n'osez-vous pas refuser votre aide si on vous le demande... ou pas (culpabilité) ?

◆ Je n'ose pas refuser mon aide pour la raison suivante :

~~~~~~

◇ Peut-être ne savez-vous pas jusqu'où vous devez aider les autres (jusqu'au sacrifice) ?

◆ Mes limites sont :

~~~~~~
~~~~~~

◇ Peut-être ne savez-vous pas gérer votre temps ?

◆ J'évalue sur 10 ma capacité à gérer mon temps :

◇ Peut-être ne connaissez-vous pas vos limites : ce dont vous êtes capable au travail et dans la vie courante ?

◆ Mes limites sont :

◇ Peut-être avez-vous tendance à vous laisser influencer, voire manipuler par les autres (proches ou non) ?

◆ Je me laisse influencer par :

◇ Peut-être êtes-vous prisonnier(ère) de vos valeurs (religieuses, philosophiques, politiques, etc.) ?

◆ Mes valeurs sont :

◇ Peut-être êtes-vous prisonnier(ère) de vos besoins psychologiques ? Besoin d'être aimé(e), par exemple ?

◆ Mes besoins psychologiques sont :

◇ Peut-être que vous confondez aimer et donner ?

◆ Différence entre aimer et donner :

◇ Peut-être êtes-vous codépendant(e) : vous avez besoin qu'on ait besoin de vous ? Si c'est le cas, vous devez attirer et être attiré(e) par les gens à problèmes : loosers, alcooliques, personnes dépendantes (drogue, handicap, âge...) ?

♦ J'attire et je suis attiré(e) par :

~~~~~~

◇ Peut-être êtes-vous quelqu'un de « fort(e) » et incapable de demander ou d'accepter de l'aide ?

♦ Je ne demande jamais d'aide parce que :

~~~~~~

◇ Peut-être avez-vous tendance à oublier de vérifier votre disponibilité avant d'accepter d'aider quelqu'un ou (ce qui revient au même) d'évaluer la charge de travail ?

◇ À l'inverse, peut-être que vous vous affolez pour rien et que vous êtes parfaitement capable de mener de front toutes vos missions ? Si c'est le cas, ce doit être une habitude chez vous et vous manquez sans doute de confiance en vous ?

♦ Je me suis déjà affolé(e) pour rien lorsque :

~~~~~~

– **Que devez-vous comprendre de la situation présente ?**

◇ Qu'est-ce qui vous manque : du temps, une bonne organisation, des informations, des compétences, des moyens ou surtout des priorités, etc.) ?

♦ Je manque de :

~~~~~~

◇ À l'inverse, qu'est-ce qui est en trop : le travail, les priorités, les relations, les personnes dépendantes, etc. ?

♦ J'ai trop de :

~~~~~~
~~~~~~

◇ Quels sont vos besoins non satisfaits dans cette situation ?
◇ Avez-vous déjà vécu une situation analogue ?
◇ Si oui, avez-vous réussi ?
◇ Si oui, comment avez-vous fait ?
◇ Si non, pourquoi n'avez-vous pas réussi ?
◇ Pourquoi « retombez-vous dans le même panneau » ?
◇ Avez-vous des amis qui ont vécu ou qui vivent la même situation ?
◆ Ces amis sont :

~~~~~~

◇ Si oui, pouvez-vous leur demander de l'aide ?
◆ Je peux demander de l'aide à :

~~~~~~

◇ Si oui, pouvez-vous vous inspirer de leurs réussites ?
◆ Je peux m'inspirer de :

~~~~~~

– **Quelle réalité refusez-vous ?**
◇ Peut-être refusez-vous d'accepter la limite du temps ?
◇ Peut-être culpabilisez-vous trop pour vous affirmer et risquer de déplaire à vos proches, être mal jugé(e) et mal aimé(e) ?
◇ Peut-être refusez-vous de vous occuper de vous, de vos besoins et de vos envies (que vous ignorez) ?
◇ Peut-être avez-vous une image idéale et/ou fausse de l'amour ou de vos responsabilités ?
◇ Peut-être avez-vous une image idéale et/ou fausse de vous-même (de vos capacités et limites réelles) ?
◇ Peut-être espérez-vous que les autres comprennent enfin et vous renvoient spontanément un jour l'ascenseur ?
~~~~~~

2. *Que devez-vous changer ?*

– **Que devez-vous changer pour éviter à l'avenir de revivre la même situation ?**

◇ Peut-être devez-vous (apprendre à) être plus « égoïste » ?

◇ Quels moyens allez-vous utiliser : les stages de développement personnel, le coaching, la psychothérapie ou l'autoformation (lectures, discussions, conférences…) ?

◆ Je vais utiliser :

◇ Peut-être devez-vous accepter la souffrance des autres ?

◇ Peut-être devez-vous faire un point sur vous ?

◆ Je joue le rôle de :

◆ Je ne demande jamais de l'aide parce que :

◇ Peut-être devez-vous réviser votre organisation de travail, seul(e) ou avec une personne compétente, notamment si vous avez toujours les mêmes difficultés ?

◆ Je vais demander de l'aide à :

◇ Peut-être devez-vous vérifier ce qu'il y a derrière cette situation (culpabilité, codépendance, pouvoir, haine de soi) ?

◆ Derrière cette situation, il y a :

◇ Peut-être que vous n'êtes plus fait(e) pour ce régime de fous ?
◇ Quand allez-vous vous autoriser à lever le pied ?
♦ Je lève le pied le :

Exercice supplémentaire pour les plus motivés : Appliquez ces questions à chacune de vos missions impossibles professionnelles et regardez/écoutez/sentez ce qui se passe en vous : toutes ces questions ne vous donneront pas de réponse, mais certaines (les bonnes) devraient vous éclairer et déclencher des prises de conscience...

Un échec ou une déception

Premier exemple d'échec scolaire ou professionnel

Vous avez échoué à un examen, à un concours d'entrée ou à un recrutement.

1. Que vous apprend cette situation ?

– Quelle a été votre erreur passée ? Quelle erreur vous a conduit(e) à cette situation ?

◇ Peut-être n'avez-vous pas assez travaillé ou préparé le terrain (par manque d'organisation ou d'entraînement...) ?
♦ J'ai manqué de :

◇ Peut-être ne savez-vous pas ce qu'on attend précisément de vous (critères de sélection) ?

◆ Quels sont les critères de sélection :

~~~~~~

◇ Peut-être ne connaissez-vous pas vos limites, votre capacité de travail et votre disponibilité ?

◆ Je peux travailler combien d'heures par jour ?

◆ Je peux travailler combien de temps par semaine ?

~~~~~~

◇ Peut-être vous êtes-vous laissé(e) influencer et distraire par d'autres sirènes (manque de priorité) ?

◆ Quelles sont toutes mes priorités ?

~~~~~~

◇ Peut-être n'êtes-vous pas assez motivé(e) ? Pour qui travaillez-vous ? Pour vous ou pour faire plaisir à d'autres ?

◆ Je travaille pour :

~~~~~~

◇ À l'inverse, peut-être que vous dramatisez votre échec et que vous êtes parfaitement capable de réussir ? À certains concours, tout le monde rate la première tentative. Pour un poste à pourvoir, les recruteurs ont parfois plusieurs milliers de candidats et des centaines de bonnes candidatures.

◇ Peut-être avez-vous tort de vous acharner ?

◇ Peut-être avez-vous tendance à vouloir prouver aux autres que vous pouvez y arriver ?

◆ Je voudrais prouver quoi et à qui ?

~~~~~~
~~~~~~

– **Que devez-vous comprendre de la situation présente ?**

◇ Qu'est-ce qui vous manque : du temps, une bonne organisation, des informations, des compétences, des moyens, des priorités, etc. ?

◆ Il me manque :

~~~~~~

◇ À l'inverse, qu'est-ce qui est en trop : le travail, les priorités, les informations, etc. ?

◆ Ce qui est en trop :

~~~~~~

◇ Quels sont vos besoins insatisfaits dans cette situation ?

◆ Mes besoins non satisfaits sont :

~~~~~~

◇ Avez-vous déjà vécu une situation analogue ?

◇ Si oui, avez-vous réussi ?

◇ Si oui, comment avez-vous fait ?

◇ Si non, pourquoi n'avez-vous pas réussi ?

◇ Comment expliquez-vous cet échec : objectif trop élevé, manque de moyen ou « malchance » et « discrimination » ?

◆ Explication de votre échec :

~~~~~~

◇ Avez-vous des collègues ayant vécu ou vivant la même situation ?

◆ Qui a vécu la même situation ?

~~~~~~
~~~~~~

◇ Si oui, pouvez-vous leur demander de l'aide ? Pouvez-vous vous inspirer de leurs réussites ?

◆ Je peux demander de l'aide à :

~~~~~~

◆ Je peux m'inspirer de :

~~~~~~

– **Quelle réalité refusez-vous ?**

◇ Peut-être refusez-vous d'accepter les limites, à commencer par les vôtres ? Vous n'êtes pas le (la) « meilleur(e) » en tout !

◇ Peut-être refusez-vous la règle du jeu, la sélection ?

◇ Peut-être refusez-vous l'échec (que vous prenez personnellement) ou la réussite (plus courant qu'on ne croit) ?

◆ Je refuse pour la raison :

~~~~~~

◇ Peut-être avez-vous une image idéale et/ou fausse du diplôme, du poste, des études ou du recrutement ?

◆ J'ai cette image :

~~~~~~

◇ Peut-être avez-vous une image idéale et/ou fausse de vous-même (de vos capacités et limites réelles) ?

◆ J'ai cette image de moi :

~~~~~~

◇ Peut-être espérez-vous que les sélectionneurs découvrent spontanément votre génie, sans avoir à faire d'effort ?
~~~~~~

2. *Que devez-vous changer ?*

– **Que devez-vous changer pour éviter à l'avenir de revivre la même situation ?**

◇ Peut-être devez-vous travailler davantage ?

◇ Peut-être devez-vous travailler mieux (organisation) ?

◇ Peut-être devez-vous vous (faire) motiver ?

♦ Je peux me motiver en :

~~~~~~

♦ Je peux me faire motiver par :

~~~~~~

◇ Peut-être devez-vous clarifier votre motivation ?

♦ Ma motivation est :

~~~~~~

◇ Peut-être devez-vous faire un point sur vos priorités ?

♦ Mes priorités sont :

~~~~~~

◇ Peut-être devez-vous mieux vous informer sur ce type d'épreuves : critères dévaluation, difficultés... ?

♦ Je vais m'informer sur :

~~~~~~

◇ Peut-être devez-vous vérifier ce que cache cet échec (paresse, mauvaise préparation, incompétence, sabotage, peur) ?

♦ Cet échec cache :

~~~~~~

◇ Peut-être que vous n'êtes pas fait(e) pour ce poste ?

◇ Quel(s) nouvel(s) objectif(s) vous donnez-vous ?

♦ Mes trois (maximum) nouveaux objectifs sont :

~~~~~~

Exercice supplémentaire pour les plus motivés : Appliquez ces questions à chacun de vos échecs scolaires ou professionnels et regardez/écoutez/sentez ce qui se passe en vous : toutes ces questions ne vous donneront pas de réponse, mais certaines (les bonnes) devraient vous éclairer et déclencher des prises de conscience.

Deuxième exemple d'échec (personnel)

Vous avez échoué dans une tentative de séduction amoureuse.

1. Que vous apprend cette situation ?

– Quelle a été votre erreur passée ? Quelle erreur vous a conduit(e) à cette situation ?

◇ Peut-être n'osez-vous pas séduire, demander, proposer et afficher vos intentions (manque d'assurance) ?

♦ Je n'ose pas :

~~~~~~

♦ Pour les raisons suivantes :

~~~~~~

◇ Peut-être ne savez-vous pas jusqu'où vous pouvez aller (règles du jeu social) ?

◇ Peut-être ne connaissez-vous pas vos atouts : charme, beauté générale et des parties du corps, personnalité, intelligence, communication, look, niveau social ou moral ?
~~~~~~

♦ Mes atouts pour séduire sont :

~~~~~~~~~~~~~~~~~~~~~~~~~~~~~~~~~~~~

◊ Peut-être ne vous aimez-vous pas (assez) ?
♦ J'évalue sur 10 comment je m'aime :

~~~~~~~~~~~~~~~~~~~~~~~~~~~~~~~~~~~~

◊ À l'inverse, peut-être avez-vous tendance à vous surestimer, à privilégier des clichés (minceur, mensurations) ?
♦ J'accorde beaucoup d'importance à :

~~~~~~~~~~~~~~~~~~~~~~~~~~~~~~~~~~~~

◊ Peut-être sous-estimez-vous un peu la concurrence ?
◊ Peut-être n'avez-vous pas pris le temps de connaître votre « cible » (ses goûts, préférences, besoins...) ?
♦ Ma « cible » aime :

~~~~~~~~~~~~~~~~~~~~~~~~~~~~~~~~~~~~

♦ Ma « cible » n'aime pas :

~~~~~~~~~~~~~~~~~~~~~~~~~~~~~~~~~~~~

◊ Peut-être méconnaissez-vous les gens du sexe opposé ?
♦ Les gens du sexe opposé sont :

~~~~~~~~~~~~~~~~~~~~~~~~~~~~~~~~~~~~

◊ Peut-être méconnaissez-vous la séduction ?
♦ La séduction, c'est :

~~~~~~~~~~~~~~~~~~~~~~~~~~~~~~~~~~~~

– **Que devez-vous comprendre de la situation présente ?**

◊ Qu'est-ce qui vous manque : la beauté, le charme, l'âge, le sourire, l'assurance, l'aisance, la réactivité... ?
~~~~~~~~~~~~~~~~~~~~~~~~~~~~~~~~~~~~

♦ Ce qui me manque, c'est :

◇ Ces choses peuvent-elles s'acquérir ? Si oui, à quel prix ?

♦ Je peux acquérir :

En faisant :

◇ Si non, par quoi pouvez-vous les compenser ?

♦ Je peux les compenser par :

◇ Qu'avez-vous en trop : le poids, la peur, l'hésitation... ?

♦ Ce que j'ai en trop, c'est :

◇ Que pouvez-vous faire pour vous en débarrasser ?

♦ Je vais :

◇ Quels sont vos besoins insatisfaits dans cette situation ?

♦ Mes besoins non satisfaits sont :

◇ Avez-vous déjà vécu une situation analogue ?

◇ Si oui, avez-vous réussi ? Comment avez-vous fait ?

♦ J'ai réussi en :

◇ Si non, pourquoi n'avez-vous pas réussi ?
◇ Comment expliquez-vous ce scénario répétitif (répéter les mêmes erreurs) ?
◆ Je répète cet échec par :

◇ Avez-vous des amis ayant vécu la même situation ?
◆ Mes amis ayant vécu la même situation :

◇ Si oui, pouvez-vous leur demander de l'aide ?
◆ Je peux demander de l'aide à :

◇ Pouvez-vous vous inspirer de leurs réussites ?
◆ Je peux m'inspirer de :

– **Quelle réalité refusez-vous ?**
◇ Peut-être refusez-vous d'accepter les limites, à commencer par les vôtres ? On ne peut pas plaire à tout le monde !
◆ Chez moi, je refuse :

◇ Peut-être refusez-vous d'afficher vos intentions ? Si oui, pour quelles raisons : pour ne pas culpabiliser, avoir honte ou avoir peur ?
◆ Mes raisons de cacher mes intentions :

◇ Peut-être refusez-vous la relation amoureuse (romantisme) ou la séduction (concurrence) ?

♦ Je refuse :

〜〜〜〜〜〜〜〜〜〜〜〜〜〜〜〜〜〜〜〜〜〜〜〜〜〜〜〜〜〜

◇ Peut-être avez-vous une image fausse de l'autre sexe ?
◇ Peut-être avez-vous une image fausse de vous-même (de vos atouts et limites réelles) ?
◇ Peut-être espérez-vous que l'autre comprenne naturellement vos désirs sans les exprimer ?

2. *Que devez-vous changer ?*

– **Que devez-vous changer pour éviter à l'avenir de revivre la même situation ?**

◇ Peut-être devez-vous (apprendre à) afficher vos intentions et exprimer vos sentiments et désirs ?
♦ Je décide de :

〜〜〜〜〜〜〜〜〜〜〜〜〜〜〜〜〜〜〜〜〜〜〜〜〜〜〜〜〜〜

◇ Peut-être devez-vous (ré)apprendre à séduire ?
♦ Je décide de (ré)apprendre à séduire dès le :

〜〜〜〜〜〜〜〜〜〜〜〜〜〜〜〜〜〜〜〜〜〜〜〜〜〜〜〜〜〜

◇ Quels moyens allez-vous utiliser : les stages existants, le coaching, la psychothérapie pour dénouer les blocages ou l'autoformation (lectures, discussions, conférences...) ?
♦ Je vais utiliser :

〜〜〜〜〜〜〜〜〜〜〜〜〜〜〜〜〜〜〜〜〜〜〜〜〜〜〜〜〜〜

◇ Peut-être devez-vous accepter la réalité (celle de la séduction, de l'autre sexe ou la vôtre...) ?
◇ Peut-être devez-vous faire un point avec quelqu'un qui vous connaît bien ?
♦ Je vais faire le point avec :

〜〜〜〜〜〜〜〜〜〜〜〜〜〜〜〜〜〜〜〜〜〜〜〜〜〜〜〜〜〜

◇ Peut-être devez-vous réviser votre façon de séduire ?
◆ Je vais changer :

~~~~~~

◇ Peut-être devez-vous chercher ce que cache cet échec : motivation faible ou négative (rivalité), sabotage, peur, honte, jalousie, haine, manque d'estime ou d'assurance ?
◆ Cet échec cache :

~~~~~~

◇ Peut-être que vous n'êtes pas fait(e) pour cette personne ?
◆ Je demande son avis sur la question à :

~~~~~~

◇ La prochaine fois qu'allez-vous changer ?
◆ Je vais changer :

~~~~~~

◇ Quels nouveaux objectifs vous fixez-vous ?
◆ Mes nouveaux objectifs sont :

~~~~~~

Exercice supplémentaire pour les plus motivés : Appliquez ces questions à chacun de vos échecs personnels et regardez/écoutez/sentez ce qui se passe en vous : toutes ces questions ne vous donneront pas de réponse, mais certaines (les bonnes) devraient vous éclairer et déclencher des prises de conscience.
~~~~~~

IV. Dialogue avec le nagual

« *Le maître arrive quand le disciple est prêt.* »
PROVERBE

L'apprentissage

Patrice Ras: Manuel, comment êtes-vous devenu nagual?

Don Manuel Aquilo: C'est une longue histoire... J'ai d'abord eu la chance de baigner dans une ambiance familiale propice: ma mère prédisait les tremblements de terre, car elle les ressentait dans son corps un ou deux jours avant et ceci, quel que soit l'endroit où il devait se produire, même à l'autre bout du monde. Mon père était « magnétique », il détraquait toutes les montres et certains appareils électroniques, comme les radios ou les montres, par exemple. Tous deux étaient passionnés par les mystères, l'invisible, l'occulte, l'histoire... Et puis, j'avais un don, que j'ai longtemps refusé. Je crois que j'en avais peur... Enfin, j'ai rencontré par hasard un chaman en faisant du stop. Cette rencontre a fait basculer ma vie... définitivement! Pour finir, j'ai vécu avec une chamane...

PR: Quel don avez-vous?

DMA: Je fais de la visualisation **négative.** Ce que je visualise n'arrive pas... jamais, contrairement à ce qui se passe pour la plupart des gens. Cela semble t'étonner... Tu te demandes peut-être comment je fais ? Je visualise la situation aussi concrètement et aussi complètement que possible... et cette situation ne se produit pas... en tout cas, jamais comme je l'ai visualisée !

Enfant, j'avais remarqué que ce que je visualisais n'arrivait jamais, mais je pensais qu'il s'agissait d'une sorte de « malédiction » ou de mon côté rêveur : je rêvais beaucoup quand j'étais jeune. Et puis un jour, j'ai découvert presque par hasard que je pouvais **empêcher** un événement d'arriver en **décidant** de le visualiser à l'avance... D'une certaine façon, j'ai transformé une malédiction en bénédiction. Ensuite, j'ai expérimenté ce don des milliers de fois... Mais quand je veux quelque chose, j'ai quand même tendance à le visualiser spontanément... Et alors, malheureusement, cela n'arrive pas... Si je veux que quelque chose se produise, je dois alors m'empêcher de visualiser la chose concrètement

PR : Parlez-nous de cette rencontre avec ce chaman.

DMA : Je faisais du stop pour rentrer chez moi, un « ange vert » (dépanneuse gratuite au Mexique) s'est arrêté. Le conducteur était Huichol (une tribu du centre du Mexique), comme moi, alors évidemment la discussion a été plus facile. On a parlé de tout et de rien, de musique bien sûr (les Huichols sont tous musiciens), mais aussi des plantes hallucinogènes (environ 4000 au Mexique). Il m'a parlé simplement, directement, ouvertement de la vie, de lui, de moi... En fait, il m'a expliqué qu'il y avait autre chose, un autre monde (invisible), régi par d'autres lois qui n'étaient pas enseignées à l'école. Il m'a laissé ses coordonnées et m'a proposé de le recontacter, ce que j'ai fait un peu après. Je l'ai revu quelques mois plus tard et ma vie a basculé ! Il m'a ouvert la porte de ce monde, le monde de l'invisible. Il m'a fait rencontrer d'autres chamans avec qui il vivait... Et puis il m'a **montré** ses pouvoirs et il m'a expliqué tous ces phénomènes simplement : la voyance, le magnétisme, la télépathie, la télékinésie, la guérison et surtout le pouvoir de l'esprit, de la volonté, comment créer un événement avec son esprit, à partir de rien...

PR : Êtes-vous sérieux ? Ce n'est pas possible...

DMA (*Sourire*) : Comment sais-tu que c'est impossible ? Tu as déjà essayé ? (*Rire.*) Moi, je l'ai **vu** faire pendant des années, lui et d'autres chamans, beaucoup d'autres. Et puis, je l'ai fait moi aussi... Je l'ai utilisé pour faire du stop, pour avoir des voitures de plus en plus rapidement. Car il faut bien avouer qu'au début, cela ne marchait pas tellement, voire pas du tout... (*Rire.*) Et petit à petit, j'ai réussi à diminuer le temps d'attente jusqu'à quelques minutes. Avant, il m'arrivait d'attendre parfois des heures !

PR : Je croyais que le chamanisme avait des visées plus nobles ! Était-il au courant ?

DMA : Bien sûr que mon *benefactor* était au courant : c'est lui qui m'a demandé de le faire... pour m'entraîner ! Comment crois-tu qu'on devient forgeron ? Pourquoi a-t-il fait cela ? Je ne sais pas. Sans doute parce que je me sentais impuissant à l'époque : j'avais l'impression de tout subir : la société, les autres, la vie, mes émotions... Mais j'imagine que c'était aussi une façon de « casser » ma rationalité. J'étais très rationnel, trop rationnel ! J'ai une formation d'ingénieur à la base. Don Juan a bien utilisé les drogues sacrées (le peyotl) pour casser la rationalité de Carlos Castaneda.

PR : Avez-vous rencontré Carlos Castaneda ou Don Miguel Ruiz ?

DMA : Je n'ai rencontré ni l'un ni l'autre à mon grand regret... J'aurais vraiment aimé rencontrer Don Miguel Ruiz pour qui j'éprouve beaucoup d'admiration : il a réussi à vulgariser l'essence de la sagesse toltèque en la dépoussiérant du folkore et des superstitions.

PR : Revenons à votre benefactor...

DMA : La rencontre avec lui m'a d'abord apporté un immense soulagement. Ensuite le sentiment d'avoir trouvé enfin (!) la réponse à toutes mes questions. Et pour finir, la certitude d'avoir trouvé ma place et mon clan : des gens comme moi. En fait, j'ai compris que je n'étais ni « malade », ni « rêveur », ni « anormal », ni rien d'autre. J'étais simplement... différent !

PR : Comment s'y prenait-il pour vous faire travailler ?

DMA : C'est difficile à expliquer, car il n'avait pas de méthode prédéfinie, il utilisait **toutes** les situations, toutes les occasions, toutes les rencontres, toutes les personnes. Avec lui, tous les coups étaient permis... C'était vraiment un traqueur ! Il m'en a fait voir de toutes les couleurs. Il me poussait à bout, il me faisait refaire dix fois la même chose, il m'insultait parfois, il me provoquait, il me piégeait aussi…

Il me trouvait trop rationnel, trop « matérialiste ». Alors, un soir sans lune et sans lumière, il m'a fait prendre un petit chemin de montagne entre deux champs. Puis il me l'a fait redescendre **en courant**, alors qu'il n'y avait aucune visibilité… Aucune ! Une autre fois, il m'a demandé de marcher dans ses pas dans le désert, avec un bandeau sur les yeux… Et il marchait très vite, il montait, descendait, tournait. Tu comprends ? C'était pour que je fasse confiance à mon « corps qui sait »… On ne voit pas **seulement** avec les yeux ! Un jour, je l'ai vu faire travailler une apprentie : elle devait voir la couleur des feutres de couleurs avec ses pieds… Et tu sais quoi ? Elle les identifiait neuf fois sur dix.

Une autre fois, il m'a abandonné un soir sur un plateau avec ordre de ne revenir que lorsque j'aurais trouvé « la gueule du dragon » (une porte de sortie de l'énergie tellurique). J'ai marché sans but, en me laissant porter. Puis je me suis retrouvé dans une espèce de sentier sinueux, qui est devenu un boyau. Tout au bout, il y avait une grotte. J'y suis entré. Je me suis déchaussé et j'ai fermé les yeux. Immédiatement, j'ai senti le dragon couler en moi par le pied gauche et ressortir par le pied droit. Et je crois que j'ai « disparu » un certain temps. J'ai eu un trou. Quand je suis revenu à moi, j'étais rechargé à bloc et en paix.

PR : Avez-vous travaillé avec d'autres instructeurs ?

DMA : Oui, mais pas pendant la même durée ni avec la même intensité. J'ai d'abord travaillé avec une chamane. Cette rencontre s'est faite de façon amusante : je vivais seul à l'étranger (en Argentine) et je passais d'une femme à une autre sans pouvoir me fixer à aucune d'entre elles... Alors j'ai demandé à Dieu de me désigner celle qui me convenait... Pour cela, je suis allé dans un lieu sacré (un plateau désertique), j'ai cherché et trouvé un contact avec Dieu. Je lui ai adressé une prière et j'ai attendu sa réponse. Et je suis rentré chez moi... Le lendemain matin, je recevais un télégramme d'une journaliste mexicaine, qui m'informait de son arrivée à Buenos Aires la semaine suivante... Puis elle est arrivée et... il ne s'est rien passé. Ni coup de foudre, ni révélation, ni rien de tout cela. J'étais un peu déçu et désappointé. Nous avons discuté pendant trois jours et trois nuits sans presque dormir. La troisième nuit, j'ai vu son aura, bleue, gigantesque (elle faisait au moins quatre mètres de diamètre !) et j'ai « craqué » à ce moment-là...

Elle est devenue ma maîtresse... dans tous les sens du terme (*Rire*). Elle a complété mon instruction en me faisant travailler presque à l'envers de mon *benefactor.* Mais c'était l'autre face du miroir. Mon nagual m'a enseigné la puissance de l'esprit (pas du mental). La volonté, la vraie volonté est dépouillée de toute forme d'ego. Cette volonté provient du ventre, pas de la tête. Avec lui, je suis devenu un guerrier... mais je suis tombé dans l'extrême : j'étais en guerre permanente, officiellement contre mon ego, en réalité contre moi-même... et peut-être aussi contre les autres. Cette chamane m'a appris à lâcher prise et à **faire avec.** C'est beaucoup plus efficace de lutter avec le courant que contre lui, non ? Comment m'a-t-elle fait travailler ? En me renvoyant à chaque fois mon état émotionnel (mon ego). Elle lisait en moi comme dans un livre ouvert et me manipulait à sa guise. C'est la plus grande manipulatrice que j'ai rencontrée. C'était une rêveuse. Elle m'a obligé à reconnaître **ce qui est** en moi dans l'instant présent. C'était très différent de l'enseignement de mon nagual...

Par la suite, j'ai eu d'autres instructeurs. Par exemple, j'ai « travaillé » mon animal totem central avec un chaman brésilien. Il utilisait plusieurs techniques simultanément ou successivement : les plantes, en particulier un certain tabac très spécial, la danse, la musique, en particulier le tambour chamanique, et d'autres techniques de mise en transe que j'ai oubliées... Mais ce qui m'a frappé, c'est que quelque soit la technique utilisée, le résultat était toujours le même : mon animal totem central est l'aigle... La première fois que je l'ai vu, c'était en écoutant de la musique lors d'un rituel chamanique : en un instant, j'étais ailleurs. J'ai d'abord vu un rapace au-dessus de moi, puis une masse verte en dessous de moi, puis à nouveau le rapace, qui était un aigle, puis encore la masse verte, qui était une forêt. Puis d'un seul coup, je me suis retrouvé **dans** l'aigle, j'étais l'aigle et je volais au-dessus de la forêt. Je planais dans les airs dans un silence absolu... C'était exquis !

Plus tard, j'ai fait du tambour chamanique et, à chaque fois, je me suis retrouvé en aigle... C'est une expérience ineffable. Le film de John Boorman, *La forêt d'émeraude* en donne une toute petite idée... Le tambour est une expérience incroyable. Imagine : tu choisis une difficulté ou une souffrance présente, tu demandes à ton animal totem de bien vouloir se présenter, tu t'allonges sur le sol, de préférence sur un lieu consacré, et tu écoutes le tambour... régulier, hypnotique, lancinant. C'est tout ! Et puis d'un seul coup, tu te retrouves propulsé ailleurs, face à un animal, ou parfois **dans** un animal... Et cet animal te parle, avec ou sans mot. Et il t'enseigne sa « médecine ». Tu imagines le choc pour un esprit rationnel ?

PR : Et aujourd'hui comment travaillez-vous ?

DMA : Aujourd'hui, je travaille seul. Je n'ai plus ni nagual ni apprentis. J'étais pressenti pour remplacer mon nagual au sein du clan, mais j'ai compris que ma voie était celle d'un nagual de l'ombre (un solitaire). Néanmoins, cette décision de le quitter a été une des plus difficiles de ma vie... Aujourd'hui, mon nagual n'est plus, mais je continue mon voyage, différemment. Aujourd'hui, mon maître, c'est **la vie** elle-même. Et mon seul bâton, c'est la synthèse toltèque : **Transforme tes problèmes en projets ou en processus d'apprentissage** ! Avec ça, rien ne peut m'arrêter. C'est la clé qui ouvre toutes les autres. C'est l'accord qui change l'eau en vin, le plomb en or, la guerre en paix, le négatif en motivation.

Les religions

PR : Les chamans sont-ils tous des guerriers ?

DMA : Oui, ce sont des guerriers, des guerriers de l'invisible, des guerriers spirituels, des guerriers pacifiques... Mais cette guerre n'est jamais complètement gagnée, car il faut se battre contre soi-même... Qu'est-ce qui t'empêche, toi et tous les gens « normaux » de créer des événements ? Vos croyances. Vous croyez tellement que ce n'est pas possible, que, pour vous, ce n'est même plus une croyance, mais une certitude absolue, une évidence indiscutable et impossible à remettre en question. Autrement dit, c'est votre ego qui vous empêche d'accomplir ce que vous appelez des « miracles ». Pourtant, un de vos plus grands chamans, Jésus, vous l'a dit et répété : **la foi** soulève des montagnes !

PR : Jésus n'était pas un chaman ! D'ailleurs le christianisme a combattu et interdit toute forme de sorcellerie ?

DMA : Ah bon ? Et qu'est-ce qu'un miracle alors ? Jésus n'a-t-il pas guéri des malades et ressuscité des morts, comme n'importe quel *Medicine Man* ? N'a-t-il pas prédit l'avenir comme n'importe quel voyant ? N'a-t-il pas guidé des milliers d'âmes en déroute comme n'importe quel guru ? N'a-t-il pas changé l'eau en vin, comme n'importe quel chaman ? Jésus est un des plus grands chamans de l'Occident, peut-être même le plus grand... D'ailleurs, il avait compris que le plus grand pouvoir, la plus grande magie, c'est l'amour. Les prêtres qui se sont réclamés de lui ont instauré une sorte de « monopole » de la magie et de l'amour...

PR : Mais c'est une exception !

DMA : Tu plaisantes ! Et Moïse alors ? Et Aaron ? Et tous les prophètes ? Relis la Bible... Elle est remplie d'histoire de chamans et de chamanes aussi... Oui, les femmes sont prédisposées au chamanisme. D'ailleurs, il y a plus de chamanes que de chamans ! D'une certaine façon, **toutes** les femmes sont des chamanes en puissance. Dans les faits, la maternité et la famille occupent tellement leur temps et leur énergie qu'il ne leur en reste pas assez pour se concentrer sur leur vocation de chamane ! La maternité est une vocation aussi... mais ne dites-vous pas qu'il est impossible de chasser deux lapins en même temps ?

PR : Vous connaissez bien notre culture...

DMA : J'ai beaucoup voyagé, y compris en Europe et même en France. Mais revenons à la magie de la religion chrétienne... Cela prouve quoi ? Que la religion chrétienne est une magie qui ne dit pas son nom, une magie qui ne s'assume pas. Et c'est d'ailleurs pour cela qu'elle a perdu son autorité et qu'elle va disparaître... Toute religion s'appuie sur des **mystères** et la religion chrétienne ne fait pas exception. Et les fidèles veulent **participer** au mystère... Mais il y a bien longtemps que ce n'est pas arrivé, que la magie du christianisme ne fonctionne plus, que les prêtres n'accomplissent plus de miracles... Alors les gens sont déçus et se détournent... Le mouvement hippie en est la preuve !

PR (ironique) : Qu'est-ce que le mouvement hippie a à voir avec cela ?

DMA : En Europe, vous ne vous intéressez qu'au côté visible des choses, au côté **folklorique** des religions... Par exemple, quand vous vous intéressez au bouddhisme, vous mettez des statues ou des posters de Bouddha chez vous, vous mangez du riz avec des baguettes ! Vous vous asseyez en tailleur, faites semblant d'être très concentrés, très détachés... Puis vous sortez et vous mentez, trichez, volez ou trompez votre conjoint(e)... Qu'avez-vous retenu du mouvement hippie ? Les cheveux longs, les chemises à fleurs et les drogues, haschich et LSD. Mais le mouvement hippie est une religion avortée ! Le slogan de Timothy Leary (le pape du mouvement) était : « *Je veux regarder Dieu en face* ». Les slogans « *Peace and Love* » ou « *Make love not war* » étaient des mots d'ordre politique. Les communautés hippies fonctionnaient sur un modèle quasi communiste...

Pour revenir à la religion chrétienne, à partir de la Renaissance, elle a voulu rivaliser avec la science et elle a perdu, évidemment ! Comment aurait-elle pu gagner sur le terrain de la science ? En voulant **prouver** Dieu, elle a au contraire démontré son incapacité à le faire et s'est décrédibilisée (la logique est devenue **le critère**), tout en se coupant de ses racines mystiques. Paradoxalement, elle s'est aussi arc-boutée sur des positions irrationnelles et intenables, en particulier en matière d'astronomie. Bien avant la Renaissance, on savait que la Terre n'était pas plate et qu'elle n'occupait pas la place centrale dans l'univers, mais les clercs n'ont pas voulu ou pas su adapter le dogme aux découvertes de la science. Résultat : une perte massive de confiance en l'Église et le début de la fin pour le christianisme. L'Inquisition est cette espèce de sursaut violent d'une bête mourante et agonisante... Et cela continue avec le débat sur l'origine de l'humanité : la Genèse contre Darwin.

Mais revenons au guerrier... Le chaman est un guerrier qui se bat en permanence contre son ego. C'est une sorte de « croisade », une guerre sacrée, qui profite indirectement à tous les autres. L'enfer, c'est l'ego et l'ego, c'est l'enfer ! Toute la souffrance du monde est produite directement ou indirectement par l'ego : les guerres, la violence, la délinquance, le vol, le viol, le mensonge, la médisance, la jalousie, la haine… Tout cela est le produit de l'avidité (le désir chez les bouddhistes) et de la peur, donc de l'ego.

PR : Donc le chamanisme est une voie spirituelle ? Et la sorcellerie, « la magie noire » alors ?

DMA : C'est une erreur, une dérive, un détournement, une excroissance, une aberration, une monstruosité, un « bug », comme vous dites. Exactement comme les fanatismes, les inquisitions, les sectes et les guerres de religion. Toutes ces maladies de la religion ne remettent pas en question les fondements et l'utilité de **la** religion. En France, comme dans d'autres pays laïques, la religion est « hors jeu », sur la touche, circonscrite à son domaine… Mais cela ne change rien. C'est parce que votre clergé a été incapable de faire son travail et d'accompagner les changements nécessaires et inévitables qu'elle s'est retrouvée dans une position conservatrice puis réactionnaire. Le clergé était l'allié objectif du pouvoir en place et profitait honteusement de l'exploitation du peuple… La réaction a été violente : il a été liquidé et assigné à résidence. Mais rappelle-toi que le clergé chrétien a d'abord été une force révolutionnaire… sous l'empire romain.

PR : Vous parlez comme un marxiste !

DMA (*Rire*) : Mais j'ai été marxiste… En Amérique latine, le marxisme est une religion alternative au christianisme. Je ne le suis plus, mais il y a du vrai dans chaque théorie, dans chaque philosophie, dans chaque religion… J'essaie d'utiliser le bon ou le vrai de chaque théorie, sans pour autant **adhérer** à ces théories. Un chaman ne peut pas se permettre d'être ceci ou cela, d'être pour ou contre, partisan ou opposant de quoi que ce soit... En Occident, vous passez votre temps à vous définir, à prendre position pour ceci ou contre cela. Vous passez votre temps à être d'accord avec lui, pas d'accord avec elle... C'est une maladie... de l'ego. En réalité, tout le monde se fiche de votre point de vue... Mais chacun d'entre vous essaie d'imposer le sien aux autres. Quelle misère ! Quel gaspillage de ressources !

PR : Qu'y a-t-il de négatif dans les prises de positions, les adhésions ou les opinions ?

DMA : Toutes les prises de position, tous les points de vue sont des jugements, c'est-à-dire des défenses et parfois même des vengeances : le monde ne tourne pas comme je le voudrais, alors je le juge comme « mauvais ». Les gens ne font pas comme je voudrais qu'ils fassent, alors je les condamne... Les puissants de ce monde ne vont pas dans le sens que j'espère, alors je les critique et les ridiculise.

Si tu regardes bien, c'est une façon de se donner de l'importance (*prenant un air péremptoire*) : « Moi je pense que le monde devrait être comme ceci ! » Sur quoi débouchent ces avis, pensées et autres opinions « personnelles » ? Sur des conflits, des blocages et de la non-communication. En pratique, chacun cherche à avoir raison, à se valoriser, à imposer ses idées aux autres et à se donner de l'importance. C'est pitoyable !

PR : En somme, comme l'a dit Nietzsche : « Les convictions sont des prisons. »

DMA : Oui et un chaman ne peut pas accepter de se laisser enfermer par quoi que ce soit. Relis *Le voyage à Ixtlan* de Castaneda, il contient un très beau texte sur la liberté… La liberté n'est pas un **droit**, mais quelque chose qui se **gagne** dans un combat difficile, le combat contre son ego. L'ego nous enferme et nous nous laissons enfermer avec délice dans une cage dorée, celle des opinions et des positions… Oublie tout cela ! Fais table rase ! Recommence tout à zéro ! Oublie tout ce que tu crois, tout ce qu'on t'a appris et tout ce que tu tiens pour **vrai** et important. Et **vérifie** par toi-même les choses en les expérimentant. C'est l'enseignement positif de la science, mais c'est aussi celui des chamans : il n'y a rien ni personne en qui **croire**. Il s'agit d'apprendre à ***voir*** (encore le titre d'un livre de Castaneda !). Don Miguel Ruiz ne dit pas autre chose dans ses livres : ne croyez personne et ne vous croyez pas vous-même non plus !

La spiritualité

PR : Quel rapport y a-t-il entre les scientifiques et les chamans ?

DMA : Soulignons d'abord le point commun entre ces deux élites. Ce sont avant tout des hommes de savoir et de pouvoir… Mais tout le reste les sépare. Les scientifiques étudient les lois rationnelles qui gouvernent la nature (le monde visible) pour mieux l'asservir ! Les chamans étudient les phénomènes qui régissent l'intention, l'énergie, la nature, les **relations** entre le visible **et** l'invisible, les relations entre l'homme **et** la nature, les relations entre l'objet **et** le sujet… Au niveau du pouvoir la différence est immense : les scientifiques se prétendent neutres et se défendent d'exercer ou de rechercher un quelconque pouvoir… Mais il suffit de voir ce qu'ils ont fait du monde en quelques siècles pour découvrir la supercherie, l'escroquerie : grâce à la technique et aux techniciens, leurs serviteurs, ils ont désenchanté le monde, tué Dieu et saccagé la nature : pollution, déforestation, domestication animale… Les chamans revendiquent le pouvoir, le pouvoir de « manipuler » les énergies, de jongler avec le visible et l'invisible, de jouer avec le temps, etc. Dans quel but ? Toujours le même : **l'équilibre !** Le chaman est un équilibriste et un « équilibreur ». Il cherche et développe l'équilibre partout où il peut : en lui-même (épanouissement personnel), autour de lui (guérison, guidance, etc.), entre les gens (régulation, médiation) et enfin entre les hommes et la nature.

Mais il y a une autre différence entre les scientifiques et les chamans : les premiers ne respectent rien, ils n'ont pas d'éthique et ne sont engagés à rien. C'est ce qui explique aussi bien les fraudes, les vols mais aussi et surtout l'irresponsabilité des scientifiques : ce sont eux qui nous ont légué l'énergie nucléaire, la bombe atomique et tant d'autres inventions « diaboliques ». Ce que l'on fait avec et après ne les concerne pas… Débrouillez-vous ! Quand on sait que le plutonium reste radioactif des centaines de milliers d'années… et que l'on ne peut pas détruire cette radioactivité, il faut être totalement irresponsable pour avoir créé cette « ordure » et pour continuer à la produire.

Au contraire, les chamans sont ou doivent être intègres et impeccables. C'est une différence invisible mais qui change tout… Le maître mot est respect : respect de la nature, bien sûr, puisque c'est elle qui nous fait vivre, qui nous donne et nous reprend la vie. Respect de sa famille aussi, pour les mêmes raisons, un peu de pouvoir en moins, un peu **d'amour** en plus. Respect de ses origines évidemment, pour les mêmes raisons. Respect de l'autre aussi, sans qui nous ne sommes pas grand-chose. Tout ce que nous sommes devenus est le résultat de nos rencontres avec les autres. Respect de soi, enfin, qui nous incombe, car personne n'est responsable de nous, une fois devenus adultes.

PR : Ce n'est pas exactement l'image qu'on a du chamanisme en Europe… N'est-ce pas une image idyllique ?

DMA (*Sourire*) : Nous en avons déjà parlé… Le chamanisme est une religion (ou une famille de religions) qui a perdu historiquement… Qui écrit l'histoire ? Les vainqueurs, toujours ! Les vainqueurs sont d'abord les religions monothéistes et enfin la science. Comme ces deux religions sont impérialistes, elles n'ont eu de cesse de critiquer, de dévaloriser le chamanisme et de pourchasser les chamans. Mais les chamans ne se sont pas laissés faire… Qui peut accepter la destruction, la dévalorisation, l'enfermement, sans rien faire ? Les chamans se sont défendus et continuent de se défendre… avec des moyens plus ou moins louables. Un de ces moyens, à double tranchant, est la peur : les chamans effraient les gens « normaux » pour que ces derniers les évitent et les laissent en paix.

Mais aujourd'hui les choses semblent évoluer… Le chamanisme attire ou du moins fascine. La roue tourne… Les gens sont déçus de leurs religions : le monothéisme ne répond pas ou plus aux besoins des gens : participer aux **mystères** de la vie, comprendre et dépasser la souffrance : qui croit encore au diable ? Au mythe d'Adam et Ève ? La science aussi a déçu et va continuer de décevoir : l'homme moderne est coupé de tout ! Coupé de la nature, coupé de Dieu ou des dieux, coupé de la vie, coupé de l'énergie, coupé de lui-même. Personne ne croit plus aujourd'hui au mythe du Progrès. La science va instaurer le Paradis sur terre. Enfin, ces deux religions n'en finissent pas de s'affronter et de se détruire mutuellement – à travers la question de l'origine, par exemple. Il est aujourd'hui impossible de concilier ces deux religions... à moins d'être schizophrène !

PR : Le regain d'intérêt pour le chamanisme est aussi dû à des « vulgarisateurs », comme Carlos Castaneda et Don Miguel Ruiz, non ?

DMA : Oui, bien sûr ! Castaneda a beaucoup fait pour notre cause... même si certains pensent qu'il est allé trop loin. Il paraît que d'autres chamans l'avaient condamné à mort... Mais il est mort assez « naturellement », alors ? De toute façon, il est difficile de démêler le vrai du faux dans son histoire... Et pour cause : Castaneda était un maître dans l'art de brouiller les cartes. Il s'est fait passer pour un rêveur, mais il était aussi un traqueur. L'un n'empêche pas l'autre ! Castaneda était un nagual et son nagual (Don Juan) était un vrai traqueur. Alors il me semble impossible que Castaneda n'ait pas développé son côté traqueur... Don Miguel Ruiz me semble plus correspondre à la lignée des rêveurs. D'ailleurs, il n'arrête pas de dire que tout est un rêve, individuel ou collectif (le rêve de la planète).

Son apport est fondamental pour comprendre comment nous rêvons et créons le paradis ou l'enfer (cf. les deuxième et troisième accords). De toute façon, pour un chaman, la vérité n'a pas la même valeur que pour un scientifique. Et tous les naguals recommandent à leurs apprentis de se désidentifier, d'oublier leur histoire personnelle, voire de changer de nom ou d'identité.

PR : Et vous... l'avez fait aussi ?

DMA (*Avec un petit rire*) : Ah ça oui ! Mon nagual m'a fait changer de métier, de pays, de religion, de philosophie, de nom... pour ne pas m'attacher à mon passé. Et aussi pour que les autres ne m'enferment pas dans ce passé ! Les êtres humains normaux ont tendance à nous mettre dans des cases pour se rassurer ! En fait, ils sont incapables de comprendre la vie et le vivant, c'est-à-dire le changement. Le besoin de sécurité est tel chez vous que vous vous raccrochez au passé pour décrire le futur... Quelle erreur !

Vous croyez que le passé est le seul moyen de prévoir l'avenir... (*Souriant*) Mais, ce n'est pas le seul moyen et ce n'est pas le meilleur... Il y a beaucoup d'autres moyens de prévoir l'avenir : le rêve (chamanique), le voyage (chamanique), la divination, l'intuition, écouter son cœur... Et l'étude du passé. Mais pas comme elle est pratiquée en Occident : vous vous contentez presque toujours de reporter dans le futur ce qui a été fait ou vécu dans le passé... Mais c'est absurde ! Pourquoi ? Parce que la vie, c'est le mouvement, le changement, l'évolution. Par conséquent, personne ne refait ou ne revit jamais **exactement** deux fois la même chose. Un exemple : si quelqu'un a volé une fois, soit il va continuer et voler plus (plus cher, plus gros, plus risqué), soit il va arrêter définitivement... Mais il est très rare qu'il continue à faire exactement la même chose. Autre exemple : si une femme se fait harceler par son chef et change de service ou d'entreprise, soit elle va se faire harceler encore plus, soit c'est fini.

PR : Vous voulez dire que les événements augmentent ou diminuent mais ne restent jamais égaux ? Pourquoi ?

DMA : Parce que tout est **énergie** et que l'énergie se transforme sans cesse. En langage scientifique, on dirait que tout est processus, que tout obéit à un rythme, à un cycle, à une harmonique. Donc, pour prévoir l'avenir de quelqu'un, il faut identifier la courbe (ascendante ou descendante) où il se trouve, mais aussi le point où il se trouve ainsi que sa vitesse d'évolution.

La question épineuse est de savoir comment prévoir les inversions de tendances ? Comment savoir si le processus va s'amplifier, si la courbe va continuer de monter ou si, au contraire, le processus va s'arrêter ou s'inverser ? C'est toute la difficulté... (*Avec un grand sourire*) C'est là qu'entre en jeu la synthèse toltèque : soit la personne a compris... et alors la tendance s'inverse, soit elle n'a pas compris et alors la vie lui fait revivre la même expérience... en pire ! Tant qu'on a n'a pas appris notre leçon, le grand maître**, la Vie** nous redonne à vivre un exercice du même type.

La vie, c'est l'énergie, l'intention, la Nature ou Dieu. Tout cela c'est la même chose ! Ce ne sont que des mots qui décrivent la même chose de différentes façons. Un peu comme le conte des aveugles et de l'éléphant... C'est l'histoire de trois aveugles qui butent sur un éléphant. Ils se demandent ce qui leur barre la route. Le premier dit : « C'est un mur ! » (le tronc). Le deuxième dit : « C'est un gros tuyau ! » (la trompe). Le troisième dit : « C'est un serpent ! » (la queue).

Cette histoire montre bien l'aveuglement des êtres humains normaux… qui croient savoir, mais qui ne perçoivent qu'une petite partie de la réalité. Les chamans ne perçoivent pas toute la réalité non plus, car c'est impossible ! La réalité ultime est inconnaissable… Mais ils le savent et l'assument. C'est pourquoi ils pensent le moins possible, parlent le moins possible, mais agissent le plus possible. Un chaman ne doit pas avoir d'opinion… le moins possible, en tout cas. Il doit donc les traquer et les chasser de son esprit. Pour l'homme moderne moyen, c'est une discipline inhabituelle et inconcevable, car il est attaché (au sens strict) à son droit de penser… Mais c'est peut-être encore plus difficile pour un Français… Parce que votre culture est basée sur la critique : vous critiquez tout, tout le monde et tout le temps… C'est une de vos drogues favorites avec la polémique qui vous empêche de décider sereinement, d'agir ensemble et d'apprécier les choses et la vie… Toute critique, qu'elle soit justifiée ou non, revient à dire : je suis supérieur à toi dans tel domaine. Ces critiques, ces prises de position, qui n'apportent rien à personne, nourrissent l'ego.

PR : Pouvez-vous expliciter ce que vous entendez par l'ego ?

DMA : Oui, mais c'est difficile, pour ne pas dire impossible, parce que nous voyons tout à travers lui (l'ego).

C'est pourquoi chaque sorcellerie, chaque religion utilise ses images. En voici quelques-unes :

- C'est un tuteur, utile au départ, qui devient une béquille.
- C'est une coquille qui nous rend forts lorsque nous sommes faibles et faibles lorsque nous sommes forts.
- C'est une carapace qui nous protège puis nous étouffe.

L'ego est le besoin névrotique de se rendre important, de se valoriser, de tout ramener à soi (à moi). Il se manifeste de différentes façons, mais surtout par le fait de tout interpréter par rapport à soi ou pour confirmer ses « acquis » : croyances, savoir, valeurs, expériences... Il est basé sur l'avidité et la peur qui se renforcent mutuellement. Il produit en permanence des jugements sur tout et tout le monde (y compris sur soi-même). Il cherche à avoir raison ou à avoir le dernier mot (ce qui revient au même). Enfin, il produit la plupart des maux humains : la délinquance, l'agressivité et la violence, les guerres, les fanatismes ou les obscurantismes, mais aussi le mensonge, la tromperie, le vol, la manipulation, la destruction... C'est un peu le « mal » des Chrétiens, sauf que le mal est une abstraction négative, une chose qu'il nous faut éradiquer, supprimer, tandis que l'ego est une tendance naturelle de l'être humain qu'il faut simplement diminuer, contourner, éviter.

Cela peut te paraître une mission impossible... Mais c'est notre seule mission sur terre, à tous : passer de l'ego à l'amour... Et la seule question importante est : comment ? La réponse est simple : en vivant. La vie nous y pousse sans relâche à travers les épreuves, les obstacles,

les difficultés, les « problèmes », les deuils, etc. C'est le sens de la synthèse toltèque : utiliser toutes les difficultés de la vie pour avancer.

PR : En somme, comme disait Albert Camus : « Les obstacles font faire du chemin » !

DMA : Mais oui, et c'est aussi le sens de la spiritualité, de la religion, du chamanisme et de toute forme d'initiation. C'est aussi le sens de toute éducation, de tout enseignement et de tout apprentissage dignes de ce nom. En fait, notre ego est pris en fourchette entre la nature ou la vie et la culture au sens large. La culture complète et consolide la vie… et la vie œuvre encore même quand la culture s'efface. Soit on œuvre consciemment, volontairement, et c'est la culture. Soit on laisse la vie nous faire évoluer.

C'est là qu'intervient le maître. Chacun choisit le maître qu'il veut… ou qu'il peut : un nagual, un parent, un prêtre, un professeur, un psychothérapeute, un patron, son conjoint, ses enfants, qui sait ? Mais le grand maître, c'est la Vie elle-même, bien sûr ! Ce qui explique que, dans certaines religions, on communique directement avec Dieu sans passer par un clergé habilité… Mais l'inverse est également vrai : quand une société se délite, la Vie (ou Dieu) envoie un prophète pour rappeler le sens de la vie et infléchir le cours des choses… Mais ces prophètes sont souvent rejetés, malmenés, voire éliminés : Jésus, Socrate, Mahomet et tant d'autres ont été agressés ou même supprimés. Pourquoi ceux-là et pas les autres ? Je ne sais pas, je ne suis pas historien… Mais il me semble que ces prophètes étaient plutôt révolutionnaires. Les plus révolutionnaires rencontrent évidemment beaucoup plus d'oppositions, les réformateurs passent au travers… Un tel prophète arrive quand la société est arrivée à un stade de décomposition extrême.

C'est la même chose sur le plan individuel : « Le maître arrive quand le disciple est prêt. » Quand le poussin est assez fort, il casse sa coquille. Quand l'ego est mûr, le maître arrive inévitablement. Je le sais parce que je l'ai vécu. Parce que tous les naguals l'ont vécu. Parce que tous les disciples l'ont vécu. C'est partout la même histoire. Partout la même loi est à l'œuvre. La loi de l'attraction ou la loi de l'intention. C'est la même chose… en langage chaman !

Le(s) pouvoir(s)

PR : Parlez-nous du pouvoir…

DMA : En tant qu'être humain, vous êtes limité : vous n'êtes pas tout-puissant, ni éternel, ni invulnérable, ni quoi que ce soit du même ordre. De plus, vous êtes dépendant de vos besoins et de vos désirs. Mais en même temps, vous n'êtes pas « rien » non plus. Vous avez des atouts, des forces et des « pouvoirs ». De quels pouvoirs s'agit-il ?

Votre premier pouvoir commence à être connu, c'est le pouvoir de **l'intention**, que vous appelez parfois la Loi de l'attraction. Cette loi dit que tout ce que vous mettez dans votre tête finit par se réaliser, que ce soit agréable ou désagréable, bénéfique ou maléfique… Autrement dit, toutes vos pensées, toutes vos émotions, tous vos sentiments sont des énergies invisibles et subtiles. Et ces énergies produisent un résultat très concret : votre vie. Votre vie, vos réussites et vos échecs sont le fruit de vos pensées au sens large.

Pourquoi cette loi ou ce pouvoir ne sont-ils pas plus connus ? Peut-être parce que vous ne prenez pas le temps d'observer, de faire des liens entre l'intérieur (vos pensées) et l'extérieur (votre vie réelle). Mais si vous prenez le temps de les comparer, vous allez le vérifier à chaque fois. Vous avez réussi cet examen parce que vous le désiriez plus que tout. Vous avez échoué à séduire cette personne parce que vous n'aviez pas confiance en vous et que la peur était plus forte que le désir. C'est tout. C'est simple, non ?

Ce qui brouille les cartes, c'est **le temps :** entre vos pensées/émotions et le résultat de vos actes, il peut s'écouler un certain temps, des heures, des jours, des semaines, des mois, des années, voire des dizaines d'années. Alors, évidemment, entre-temps, vous avez oublié. Et puis, ce qui rend la vérification encore plus difficile, c'est la discontinuité, le changement incessant de vos pensées et émotions : vous avez envie, puis vous avez peur, puis vous culpabilisez, puis vous avez de nouveau envie, puis vous hésitez, etc. Ce manque de continuité ne vous aide pas, au contraire, à obtenir ce que vous voulez.

PR : Il y a un autre pouvoir ?

DMA : Oui, mais ce pouvoir est moins connu. Il découle de votre fragilité, d'être humain, de votre mortalité, ou plutôt de votre conscience de votre mortalité : contrairement aux animaux, vous **savez** que vous allez mourir et cette conscience change tout ou presque. En effet, cette conscience de la mort vous permet de vous éveiller ou de rester éveillé et d'être conscient de votre présent, votre seule réalité.

Mais ce n'est pas tout : c'est parce que vous êtes susceptible de mourir n'importe quand, que la vie a ou prend de la valeur et que votre présent est un cadeau (un présent) que chaque seconde compte. De plus, la mort vous aiguillonne, vous réveille : c'est quand vous sentez la mort proche que vous êtes le plus vivant, le plus fort. Votre instinct de survie est tel qu'il peut vous métamorphoser et décupler vos forces, votre intelligence.

Mais voici le plus beau : quand vous savez que vous allez mourir, que faites-vous ? Vous vous concentrez sur l'essentiel. Vous appréciez chaque seconde qui vous reste et vous l'optimisez : vous arrêtez de perdre votre temps, de reporter ou de repousser vos décisions et vos actions à mener, vous décidez et vous agissez. Et vos décisions et vos actes sont imprégnés du pouvoir que la mort leur insuffle.

Au Mexique, la mort est célébrée à travers une fête officielle. En Europe, elle est taboue, comme la maladie et la vieillesse. Mais c'est pourtant une réalité indépassable... qui n'est pas forcément négative : s'il n'y avait pas la mort, si nous étions immortels, le temps n'aurait aucune valeur, rien n'aurait de valeur : ni les émotions, ni les sentiments, ni les relations, ni les décisions, ni les actes... **Décider** est votre premier et dernier pouvoir : dès que vous êtes en vie et tant que vous êtes en vie, vous pouvez décider et vous décider. Vous ne pouvez pas ne pas décider : car ne pas décider est encore une décision, de même que déléguer à quelqu'un d'autre une ou plusieurs de vos décisions.

Ce pouvoir est fondamental. Pourquoi ? Parce que vous décidez à chaque seconde de votre vie... même si vous n'en avez pas conscience. Que décidez-vous ? D'accepter ou de refuser votre situation, de continuer ou de changer, de réagir positivement ou négativement, de voir le bon ou le mauvais côté des choses… Être ou ne pas être. Oui ou Non.

Ce pouvoir est énorme, surtout à la naissance, où tout est ouvert, possible. Mais il n'est pas infini, il a des limites, le temps, par exemple, qui grignote inexorablement votre pouvoir de décider. En fait, ce pouvoir se limite lui-même : les décisions que vous avez déjà prises limitent vos décisions actuelles. Ainsi, par exemple, si vous avez suivi telle ou telle formation, vous ne pouvez pas revenir en arrière, ni l'oublier. Vous ne pouvez pas oublier ce que vous savez : nager, faire du vélo, faire l'amour, parler telle ou telle langue… Ce pouvoir est toujours disponible car, à chaque instant, vous pouvez remettre les compteurs à zéro.

PR : Chaque jour est « le premier jour du reste de ta vie ». La seule réalité est celle du présent. Eckhart Tolle l'a bien montré dans ses livres sur Le pouvoir du moment présent.

DMA : Oui, et ce pouvoir est divin, il fait de vous des créateurs… de votre vie. Vous créez toute votre vie avec vos décisions, qu'elles soient conscientes ou inconscientes, directes ou indirectes, positives ou négatives.

Examinez votre vie à l'aune de vos décisions : vous habitez quelque part, dans un appartement ou une maison, en ville ou à la campagne, dans votre pays d'origine ou dans un autre. Soit vous l'avez décidé consciemment, soit vous l'avez accepté. *Idem* pour votre conjoint(e) : vous l'avez séduit(e) ou vous vous êtes laissé(e) séduire. Pour votre travail : vous l'avez recherché ou vous l'avez accepté faute de mieux. Pour votre santé : vous en avez pris soin ou vous l'avez négligée. Etc.

Pourtant, il est de bon ton, dans la société occidentale, de nier ce pouvoir en répétant un des slogans du type : « On n'a pas le choix », « Je n'avais pas le choix ». C'est évidemment une justification malhonnête de mon choix, une façon d'affirmer que j'ai raison et que ma décision est la seule possible. Elle n'est donc n'est ni critiquable ni susceptible d'être remise en question.

PR : Pourquoi beaucoup n'ont pas conscience de ce pouvoir ? Ou pas envie de le reconnaître et de l'assumer ?

DMA : Parce que ce pouvoir est en même temps une liberté et que la liberté fait peur. Si vous êtes libre, vous êtes responsable. Êtes-vous prêt(e) à assumer votre responsabilité, toute votre responsabilité, toute la responsabilité de votre vie ? Rien n'est moins sûr... Il est plus facile, plus tentant, de renvoyer la responsabilité de vos échecs sur « la société » ou sur les autres (c'est la même chose), sur vos parents qui ne vous ont pas assez aimé(e), sur votre patron qui ne vous paye pas assez, sur votre conjoint(e) qui ne vous écoute pas assez, sur vos amis qui ne vous aident pas assez, etc.

Un des plus grands mensonges de votre culture est celui du conditionnement : vous seriez « conditionné(e) par la société ». C'est une demi-vérité, donc un demi-mensonge. Oui, vous êtes influencé(e), éduqué(e), manipulé(e), voire domestiqué(e) par vos parents, vos professeurs, vos patrons et autres responsables. **mais** cela ne vous enlève pas votre pouvoir de décision. Et d'abord, que décidez-vous face à ce soi-disant conditionnement ?

Étrangement, tous les partisans du conditionnement à qui j'ai posé la question ne répondent rien.

Tant que vous vivez, vous avez **toujours** le choix, d'accepter ou de refuser, de dire **oui** ou **non**, de réagir de telle ou telle façon. Même en prison, vous avez toujours plusieurs réactions possibles : chercher à vous évader, amadouer le geôlier, déprimer, rêver, devenir fou (folle), étudier, etc. Un gangster vous menace de vous tuer si vous ne lui donnez pas votre argent. Que décidez-vous ? D'obtempérer ? De fuir ? De vous défendre ? De négocier ? D'appeler à l'aide ? Ou quoi encore ?

PR : L'auteur de Le Scaphandre et le Papillon *en est la preuve éclatante : accidenté et paralysé à 99 %, il décide d'utiliser le seul muscle qu'il peut encore bouger, celui de son œil, pour communiquer en morse et écrire ainsi un livre...*

DMA : Exactement ! Combien de muscles vous reste-t-il encore ? Combien de sens avez-vous encore ? Combien d'opérations intellectuelles pouvez-vous encore effectuer ? Combien de temps avez-vous devant vous ? C'est toujours plus qu'il n'en faut pour décider et agir.

Avez-vous conscience de ce pouvoir, de votre pouvoir de décider ? Non ? Comment cela se fait-il ? Personne ne vous l'a jamais expliqué ? Vous ne l'aviez pas déjà compris seul(e) ? C'est normal : vous vivez dans le brouillard et ce brouillard est produit par les discours et le langage. Tout ce verbiage (le mitote) vous empêche de voir la réalité de votre être et de vos pouvoirs. Pour beaucoup de gens, la liberté ou le pouvoir de choisir signifient : « Je fais ce que je veux, quand je veux et comme je veux ! » Pour d'autres, c'est l'absence (totale) de contraintes.

C'est une définition complètement infantile. Car il y a toujours des contraintes dans le monde réel, mais ces contraintes ne suppriment pas le pouvoir de choisir, de réagir, d'accepter ou de refuser.

Vous lisez ce dialogue et vous êtes en train de prendre des décisions. Par exemple, vous décidez de comprendre ou de ne pas comprendre (c'est un choix !), d'être d'accord ou non, de lui accorder une importance plus ou moins grande, etc. Que décidez-vous ? Maintenant que vous avez lu ce texte, vous ne pouvez plus ne pas savoir, vous ne pouvez plus revenir en arrière (la seule contrainte absolue, c'est le temps).

La liberté est un paradoxe, comme la plupart des choses importantes sur cette terre et comme la plupart des vérités. *Para doxa* signifie en grec « contre l'opinion (courante) » et a pris le sens de « contre la raison, contraire à la logique ». Un paradoxe est une vérité qui défie l'entendement ou la logique. Le paradoxe de la liberté est le suivant : vous n'êtes pas libre d'être libre. Vous ne pouvez pas choisir de ne pas être libre, vous **êtes** libre, c'est un état de fait, votre état de fait qui découle de votre humanité. En fait, vous n'êtes plus libre d'être libre parce que vous avez déjà décidé de l'être en choisissant d'être humain(e), de vous réincarner. Ce paradoxe n'est que la transposition du paradoxe de la décision : vous ne pouvez pas ne pas décider.

PR : Jean-Paul Sartre l'avait parfaitement compris. Pour lui, la seule alternative possible face à cette liberté est simple : l'assumer ou la refuser, ce qu'il appelait « la mauvaise foi » (une façon de faire semblant).

DMA : Décider, c'est aussi **créer**. Chacune de vos décisions exclut des milliers de possibilités (actions, relations, émotions, objets...), mais elle transforme une possibilité en **réalité**. Additionnées, toutes vos décisions construisent une réalité unique, une création absolument personnelle : votre vie. Vous créez votre vie par petites touches, comme un artiste, peintre, danseur, musicien, écrivain, dramaturge, cinéaste ou autre.

PR : En sorte, « Fais de ta vie une œuvre d'art ! » (André Gide) et « Le style, c'est l'homme » (Buffon) ?

DMA : C'est exactement cela ! Quelle sorte d'artiste êtes-vous ? Quel est votre genre préféré ? Est-ce le drame, comme la plupart des êtres humains ? Ou privilégiez-vous la comédie ? Et quel langage utilisez-vous ? La peinture ? La sculpture ? La littérature ? La danse ? Le cinéma ? Le théâtre ? D'une certaine façon, vous les utilisez un peu tous, en particulier le théâtre ou le cinéma : votre vie n'est-elle pas une histoire dont vous êtes le héros, avec une intrigue, des épreuves, des ennemis et des alliés, du hasard et de la logique ? En fait, vous êtes à la fois l'auteur, le scénariste, le metteur en scène, l'acteur principal et le spectateur.

Décider, c'est surtout **risquer**, car vous ne savez **jamais** ce qui va sortir de la boîte, quel va être le résultat des courses, quelles vont être les conséquences de votre décision. Personne ne peut prévoir quoi que ce soit avec certitude et ce, malgré les calculs, les études, les logiciels, les voyants, etc. Et heureusement ! Aimeriez-vous jouer à un jeu dont vous connaissez l'issue à l'avance ? Pourriez-vous lancer les dés si vous étiez absolument certain(e) du résultat ? Auriez-vous envie d'une relation si vous en connaissiez exactement l'histoire, du début à la fin ? C'est l'incertitude qui rend le risque excitant, la décision prenante et la vie passionnante. Décider, c'est sauter dans le vide. Cela demande donc du courage et le courage est la première qualité du guerrier.

Le temps

PR : Vous parlez beaucoup du temps. Est-ce que les Toltèques ont une représentation du temps différente de la représentation occidentale ?

DMA : Oui. Le temps est un mystère. C'est quelque chose d'étrange et, d'abord, parce qu'il est invisible et impalpable. Le temps n'est pas quelque chose, un objet ou même un fait. C'est une dimension de la vie, un espace dans lequel nous vivons. Le temps est à la vie humaine ce que le langage est à la parole, ce que l'eau est au poisson. Il nous est donc difficile, voire impossible, d'appréhender cette dimension, puisque nous sommes « dedans » et réciproquement : le temps est en nous comme le langage est définitivement en nous, comme l'eau est dans le poisson. La difficulté est d'autant plus grande que pour percevoir une chose, la comprendre ou l'expliquer, il nous faut un point de comparaison. Or nous n'en avons pas, puisque nous ne sortons jamais du temps, comme nous ne sortons jamais du langage une fois celui-ci intégré.

PR : Pour le philosophe Emmanuel Kant, le temps est (avec l'espace) une condition a priori *de l'existence humaine à laquelle nous ne pouvons pas échapper...*

DMA : En tout cas, pour un individu normal et rationnel dans une situation normale ou ordinaire. Mais certains individus vivent des choses extraordinaires et sont extraordinaires. Certains de vos psychologues commencent à s'intéresser à ces états de conscience non ordinaires, que les chamans connaissent et cultivent depuis des millénaires. Ainsi, par exemple, certains individus meurent et reviennent à la vie. Ce qui paraît impossible est pourtant connu, reconnu et attesté par des médecins. Cette « résurrection » est connue aujourd'hui sous le terme de NDE (*Near Death Experience*). La plupart des gens qui reviennent à la vie racontent tous plus ou moins la même chose : une projection hors du corps, la traversée d'un tunnel, une lumière blanche aveuglante, la perception de son corps inerte « en bas » et de tous les gens autour du corps sans pouvoir communiquer avec eux. (Pour de plus amples informations, lire *La source noire* de Patrice Van Eersel ou *Nous sommes immortels* de Patrick Drouot.) Tous évoquent une autre perception du temps, un temps hors du temps, un temps « éternel », un sentiment d'éternité. Certains reviennent avec la certitude que le temps (ordinaire) est une illusion. On peut donc considérer qu'il y a plusieurs temps, au moins trois en fait.

PR : Vous pouvez nous les détailler ?

DMA : Bien sûr !

Les trois temps :

– Le temps linéaire

Nous avons coutume de représenter le temps sur un axe horizontal, comme une flèche, avec un point fixe au milieu : le présent et deux temps de chaque côté de ce point : le passé à gauche et le futur à droite. Cette représentation a le mérite d'être simple, claire et relativement objective : le temps ne dépend pas de la personne, il est le même pour tous et a permis la mesure du temps (l'horloge, la montre).

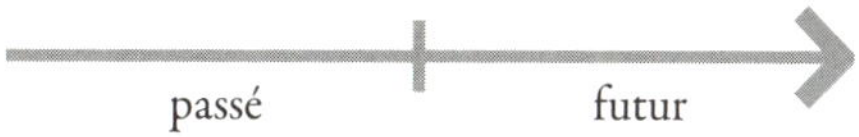

– Le temps cyclique des chamans

En Occident, le temps est représenté de façon linéaire, mais dans les sociétés primordiales (appelées improprement « primitives »), il est représenté de façon circulaire, cyclique : c'est « la roue du temps ». Cette roue signifie que le temps a une structure circulaire (comme la planète sur laquelle nous vivons) que nous ne percevons pas (comme la rotondité de la planète) parce que notre perception est limitée et même déformante, puisqu'elle nous donne l'illusion d'une surface plate et d'un temps linéaire. S'il est possible de sortir de notre illusion perceptive pour l'espace, pourquoi ne le serait-il pas pour le temps ? Dans les deux cas, il y a quelque chose à faire ou à défaire, une limite à franchir (artificiellement ?) pour sortir de la perception ordinaire utile dans la vie… ordinaire.

– Le temps psychologique

Avez-vous remarqué ce phénomène étrange concernant le temps : plus ça va et plus ça va vite ? Plus on vieillit et plus le temps « passe » vite. Quand on est enfant, les journées semblent longues voire interminables, puis devenu adulte les mêmes journées de 24 heures semblent défiler à toute vitesse. Comment expliquer ce phénomène ? Qu'est-ce qui a changé ? Le temps ? Non, ce qui a changé, c'est notre perception du temps. En réalité, ce qui a surtout changé, c'est notre capacité de concentration qui augmente avec l'âge mais aussi avec l'intérêt que nous portons aux choses : quand nous aimons quelque chose, notre concentration augmente et le temps semble s'accélérer. À l'inverse, quand nous n'aimons pas ce que nous vivons (un cours, un film ou un travail), nous nous ennuyons et le temps semble ralentir.

PR : Vous semblez dire que le temps linéaire n'est pas absolu. Pouvez-vous donner quelques exemples ?

DMA : Oui, les exemples de « trous du temps » sont nombreux. En voici quelques-uns :

– Les intuitions

Si le temps linéaire est absolu, comment expliquer les intuitions (qui ne sont pas réservées aux femmes). Les rationalistes argueront qu'il ne s'agit que d'une prévision, d'une projection du passé dans le futur ou de la captation de signaux faibles (par exemple de communication non verbale). Ainsi, quand j'étais enfant, je devinais qui allait sortir avec qui en observant mes camarades de classe, même quand ils se disputaient… Mais les vraies intuitions n'entrent pas dans ce cadre explicatif : elles ne reposent sur rien de connu (passé). Ainsi, par exemple, alors que j'étais professeur dans un lycée technique, je visualisais parfois les élèves se moquant de moi à mon entrée dans la salle… ce qui ne manquait jamais d'arriver. Les vraies intuitions défient l'entendement et la rationalité. Elles nous préviennent d'un événement improbable, imprévisible, voire même impossible (logiquement), mais qui arrive cependant. Ceux qui ne « croient pas » à l'intuition sont tout simplement des handicapés de l'intuition (une fonction naturelle, mais plus ou moins développée chez chacun d'entre nous).

– Les prémonitions

Plus fortes que les intuitions sont les prémonitions : qui n'a jamais fait de rêve prémonitoire ? Qui n'a jamais vécu en rêve une scène qui s'est effectivement et exactement passée comme dans son rêve ? Sans aller jusque-là nombreux sont ceux qui font des rêves prémonitoires symboliques : ainsi, avant de partir vivre en Europe, j'ai rêvé toutes les nuits (et souvent plusieurs fois par nuit) de voyages en tous genres et avec toutes sortes de véhicules... jusqu'à ce que je reçoive la lettre m'annonçant la possibilité de partir (et alors même que tous les critères rationnels indiquaient l'impossibilité de partir).

PR : Quelle différence faites-vous entre les intuitions et les prémonitions ? Est-ce seulement le rêve ?

DMA : Oui, mais c'est une question de langage. Les intuitions se produisent dans la journée en état de veille (normalement) ou de transe, tandis que, pour moi, les prémonitions arrivent la nuit pendant le sommeil.

PR : Y a-t-il d'autres façons de sortir du temps ?

DMA : Oui, il y en a beaucoup d'autres : la voyance, les sorties du temps et les prophéties.

– La voyance

Au pays de Descartes, il est de bon ton, dans la classe dirigeante, souvent droguée à la logique de nier, critiquer ou mépriser la voyance et les voyants. Il est vrai que les charlatans existent, de même que les marabouts en tous genres. Mais même si la plupart des voyants sont des escrocs, même si 80 % d'entre eux sont des charlatans, qu'en est-il des autres ? Et que penser des millions de personnes qui vont les consulter ? Sont-ils tous des idiots et des naïfs ? Alors pourquoi la plupart des chefs d'état en consultent-ils ? La réponse est simple : la voyance est un phénomène réel qui dépasse l'entendement ou, pour dire les choses de façon plus prosaïque, contraire à la religion scientiste. Mais les vrais voyants sont rares. J'ai eu la chance d'en côtoyer suffisamment (une vingtaine) pour savoir que certaines personnes ont ce don. Il s'agit, la plupart du temps, de femmes et de femmes « blessées » (mais il y a aussi des hommes).

– Les sorties du temps

Si vous lisez ce livre, vous avez très certainement entendu parler des « sorties du corps ». Peut-être même en avez-vous déjà vécues ? Mais connaissez-vous les sorties du temps ? Un exemple vaut mieux qu'une longue explication : un jour, j'avais rendez-vous avec un recruteur dans une entreprise et j'attendais sagement dans le hall d'accueil qu'on vienne me chercher. Une femme métissée est sortie d'un bureau au fond d'un couloir et s'est dirigée vers moi. À quelques mètres de moi, avant qu'elle ne s'arrête et me parle, j'ai vu en une fraction de secondes un film, celui d'une relation amoureuse avec cette femme (qui ne me plaisait pas particulièrement). Or cette relation s'est effectivement déroulée comme je l'avais pré-vu... Depuis, j'ai reçu de nombreux témoignages identiques de nombreuses personnes qui m'ont rassuré (non, je ne suis pas fou !) et m'ont confirmé qu'il s'est passé quelque chose. Comment expliquer ce phénomène ? Sinon que le temps n'est pas linéaire absolument et que l'on peut « sortir du temps » dans certaines conditions particulières.

– Les prophéties

Quand les Conquistadores sont arrivés en Amérique, les Indiens n'étaient qu'à moitié surpris de les voir. En effet, ils les attendaient. Plus exactement, ils attendaient des hommes blancs supérieurs des « dieux » qui avaient promis de revenir. Ce qui est encore plus étrange, c'est que d'autres peuples (d'Océanie) avaient les mêmes prophéties. Et que beaucoup d'autres peuples disposaient de prophéties qui se sont révélées justes. Il s'agit de prophéties claires et précises, donc vérifiables, ce qui n'est pas le cas de toutes les prophéties : celles de votre Nostradamus sont ésotériques et intrinsèquement ambiguës, sujettes à caution et à interprétation.

Le chamanisme aujourd'hui

PR : Est-il encore possible de pratiquer le chamanisme aujourd'hui ? Malgré la destruction ou la domestication de la nature ?

DMA : C'est vrai ! Les Occidentaux ont tout domestiqué, tout aseptisé, tout purgé, tout saccagé ! La nature sauvage n'existe presque plus, les animaux ont tous été domestiqués, chassés ou parqués dans des zoos. Les jardins, les parcs, les forêts et les réserves n'ont plus rien de sauvage. Cela me rend triste ! Mais cela ne nous empêche pas de pratiquer le chamanisme ! C'est plus difficile qu'avant... par exemple, dans certains lieux... en ville, mais ce n'est pas impossible, heureusement ! D'abord, la nature est toujours présente, **toujours !** Par exemple, les éléments sont toujours là : le feu (le soleil et la lumière), l'air, la terre et l'eau (la pluie, la mer, les fleuves). Ensuite, il y a toujours des animaux, même en ville... Et pas seulement dans les zoos ! Dans les rues (des chats, des rats, des oiseaux, etc.), dans les maisons aussi (des chiens, des poissons...). Il y a encore les arbres et les plantes. (*Avec un grand sourire.*) Et il y a aussi les objets, **tous** les objets : les maisons, les voitures, les ordinateurs, les automates, etc.

Tu as l'air dubitatif. Tu te demandes comment pratiquer le chamanisme avec les objets ? Comme pour les animaux, il suffit de se connecter à eux ! D'abord, en considérant que les objets sont vivants, qu'ils ont une conscience...

PR : Ce n'est pas possible ! Tout le monde sait que les objets sont inanimés. Si on leur parle, ils ne répondent pas, ils ne peuvent pas répondre.

DMA : Ah bon ! ? Comment le sais-tu ? En réalité, il s'agit d'une **croyance**, qui repose sur une distinction du langage (animé/inanimé). Par conséquent, en apprenant à parler, vous apprenez à croire et à voir certaines choses... et pas d'autres ! Mais tous les peuples n'ont pas le même langage et les mêmes croyances, les mêmes vérités. Depuis des milliers d'années, un peu partout sur terre, des peuples enseignent le contraire, à savoir que tout vit et possède une conscience, **tout !** C'est ce que vous avez appelé l'animisme, mais ce mot a pris un sens péjoratif dans votre vocabulaire : ces pauvres primitifs **croient** que tout a une âme, comme on croit au Père Noël.

PR : Admettons… Comment communiquez-vous avec les plantes ?

DMA : Je leur parle comme aux humains et comme aux animaux. Par exemple, si j'échoue quelque part, je vais voir un arbre et je lui demande conseil. Et il me répond… Presque toujours ! Comment me répond-il ? Cela dépend… Parfois avec des mots… mais c'est plutôt rare ! Le plus souvent avec des images ou des sensations… ou encore avec des actes. Ainsi, quand j'étais jeune, j'avais flashé sur ma prof d'anglais… Mais j'étais timide… Je n'ai pas osé l'aborder… Alors, après le dernier cours de l'année, je suis allé dans un parc, j'ai marché jusqu'à ce que je trouve un lieu de pouvoir, je me suis assis sur un banc et j'ai regardé autour de moi… Il y avait un grand arbre juste en face… Je lui ai demandé de faire venir cette femme… Et j'ai attendu un certain temps… Mais elle n'est pas passée. Alors je suis parti. J'étais frigorifié, alors je me suis réfugié dans le premier café venu. En entrant, j'ai vu… ma prof ! Tu comprends ? C'est l'arbre qui m'a piloté jusqu'à ce café !

PR : Un exemple avec un automate ?

DMA (*se grattant la tête*) : Il y en a beaucoup… Voyons… Ah oui ! La première fois que j'ai appelé mon *benefactor*, je suis allé dans une cabine téléphonique, je n'avais que deux pièces, une d'un dollar et une de 20 cents. J'ai introduit la pièce de 20 cents… Rien ! Pas de tonalité ! Anxieux, j'ai introduit la pièce d'un dollar… Rien ! Pas de tonalité ! J'ai reposé le combiné et senti la colère monter, puis la tristesse. Et puis subitement, j'ai senti une impulsion qui m'a poussé à redécrocher le combiné… et j'ai entendu… des pièces de monnaie tomber… des dizaines de pièces ! J'étais évidemment content et surpris, mais aussi un peu méfiant. J'ai introduit une des pièces et… j'ai entendu la tonalité. J'ai appelé mon *benefactor* à qui j'ai raconté ma mésaventure… Il s'est contenté de rire… Nous avons parlé, encore et encore, pendant près d'une heure. Quand j'ai raccroché, la pièce est retombée et je me suis rendu compte que j'avais téléphoné gratuitement pendant près d'une heure… gratuitement !

La seule question importante est : **comment** fait-on pour se connecter ? Tout d'abord, il faut considérer que tous ces êtres sont **vraiment** vivants et conscients… Pour une plante, O.K., on peut lui parler, cela commence à entrer dans les mœurs… C'est votre fameuse « main verte », mais pour un objet… La main verte, c'est bien, mais c'est encore une communication à sens unique : **vous** parlez à la plante, qui écoute et obéit… Mais en fait les plantes nous parlent aussi et elles nous enseignent des tas de choses… Je fais allusion aux plantes hallucinogènes : peyotl, ayahuasca, iboga… bien sûr, mais pas seulement ! Toutes les plantes parlent, **nous** parlent… mais vous n'écoutez rien ! Le monde entier vous parle, mais vous n'écoutez rien…

Qu'est-ce qui vous empêche d'écouter ou d'entendre selon toi ? D'abord, vos croyances, bien sûr. Mais ce qui vous empêche d'écouter et d'entendre, c'est encore et toujours votre ego : vous vous croyez tellement **supérieurs** aux autres êtres vivants que vous ne pouvez même pas concevoir que des êtres « inférieurs » (des animaux, des plantes ou des objets) puissent vous enseigner quoi que ce soit. Vous vous êtes coupés du monde, de la Nature, de Dieu et… vous êtes seuls ! Dieu vous parle aussi, tout le temps, de toutes les façons… mais vos oreilles sont bouchées !

PR : Il n'y a pas plus sourd que celui qui ne veut pas entendre ? C'est ce que dit Neale Walsch (l'auteur du best-seller Conversations avec Dieu*).*

DMA : Je ne sais pas… Je ne connais pas… Mais je sais que vous êtes esclave de votre dieu logique et de votre langage : votre vraie Bible, c'est le dictionnaire ! Vous vous laissez abuser par les catégories du langage ? Par exemple, les fameux « règnes » : minéral, végétal, animal et humain… Sur quoi repose la distinction entre l'animal et l'être humain ? Rien ! Rien ne justifie rationnellement cette distinction. Rien, si ce n'est votre désir de supériorité ! Quelle drogue ! Quel hallucinogène ! Quelle mystification !

PR : Revenons à la connexion… Pouvez-vous nous donner une clé ? Que faut-il faire ?

DMA : Faire, faire, c'est une obsession ! La sorcellerie, c'est l'art du **non-faire.** D'abord, prendre le temps ! Vous, les Occidentaux, vous êtes des malades… du temps, de la vitesse ! Vous voulez abolir le temps, l'attente. Vous cherchez à aller vite, plus vite, toujours plus vite… pour aller où ? Dans le mur ! Votre société est un bolide qui fonce à toute allure, sans frein… dans le mur ! Vous voulez « gagner du temps », mais vous perdez votre vie à gagner du temps. Vous perdez le sens des choses, la valeur des choses, l'esprit des choses… Bon, j'arrête ! Donc, tu prends le temps. Ensuite, tu laisses ton esprit vagabonder, flâner, flotter... jusqu'à ce qu'un signe apparaisse.

PR : Quelle sorte de signe ?

DMA (*Irrité*) : Un signe ! N'importe quel signe ! Une voix, une image, une sensation, une impulsion... Un exemple : quand j'ai pris l'avion pour venir à Paris, je me suis mis devant et j'étais face aux boîtes métalliques des hôtesses. Soudain, j'ai senti un regard sur moi et j'ai vu... un visage de femme... à travers les étiquettes collées sur l'une des boîtes... Alors j'ai fait un bon voyage... et j'étais rechargé en sortant de l'avion.

PR : Bof ! Cela ne prouve pas grand-chose... Je reste un peu sur ma fin... Vous n'auriez pas quelque chose de plus ?

DMA : ...spectaculaire ? (*Se faisant prier.*) Bon d'accord ! Un jour, j'avais besoin de prendre de l'argent liquide pour voyager en bus. J'étais en retard et j'ai trouvé difficilement un distributeur de billets pas trop éloigné de la gare. Aucun message n'était affiché... J'ai risqué ma carte bancaire et... plus rien ! Ni message ni carte retournée. Rien ! Au bout d'une bonne minute, un message est enfin apparu : « Appareil momentanément indisponible ». J'ai attendu que la carte soit éjectée... en vain. Une minute passa encore... Je risquai de rater mon bus... J'ai alors posé mes deux mains sur l'appareil et je l'ai prié de me restituer ma carte. Un message est apparu : « Composez votre code confidentiel ». L'automate s'est remis à fonctionner. Juste pour moi... Puis il est retombé en panne. J'ai eu juste le temps de récupérer les billets et de saisir le bus au vol...

PR : Vous parliez aussi de sons... Vous entendez des voix ?

DMA : Bien sûr ! Un jour, je n'arrivais pas à prendre une décision vis-à-vis d'une femme, Cristina... J'hésitais beaucoup à l'intégrer dans mon univers. Elle semblait avoir le potentiel, mais j'avais l'impression que ce n'était pas le moment. C'était le soir et j'étais seul dans le désert, sur un plateau venté... J'ai demandé aux éléments de me guider... Une voix de femme m'a répondu distinctement, à travers le vent : « Tu peux y aller sans crainte ! » C'est ce que j'ai fait... Et cela a marché ensuite... Cristina est devenue mon apprentie.

PR : Et pour les sensations ?

DMA (*Après un temps de réflexion*) : Un soir, un apprenti est venu me solliciter. Sa femme, Veronica, s'était fait piquer par un scorpion et souffrait depuis deux jours. Elle n'arrivait pas à dormir, malgré les médicaments, les piqûres, les crèmes... Elle était persuadée que je pouvais la guérir... Pourtant, je n'étais à l'époque pas encore un nagual. Alors j'ai regardé ses jambes : la jambe droite était rouge et gonflée jusqu'au genou et il était impossible de la toucher... Le pied gauche était rouge également, depuis peu. J'ai demandé à la Grande Déesse de m'aider... J'ai senti une sorte d'attirance dans mes mains qui se sont alors posées spontanément à quelques centimètres au-dessus des pieds. Puis je me suis « branché » sur ses pieds et j'ai « aspiré » la perturbation. Veronica s'est endormie et sa jambe a dégonflé et perdu sa couleur rouge. Une demi-heure après, tout avait disparu... **le corps sait**. Cela peut te sembler incroyable, mais c'est ainsi : votre corps sait beaucoup plus de choses que vous ne le croyez. Votre corps est intelligent. Il a son intelligence propre qui n'a pas besoin de l'intelligence intellectuelle. Il suffit de le laisser aller, de lui faire confiance et il trouvera naturellement le « bon geste ». Et ceci, dans tous les domaines où il est présent : la danse, le sport, la communication non verbale, l'amour, la médecine, etc.

Évidemment, ce phénomène ne joue pas ou plus chez vous… Pourquoi ? Parce que vous avez tué le corps, vous l'avez domestiqué, contrôlé, enfermé, dénigré, pollué, sali… Vous avez étouffé toute sa spontanéité. D'abord, au berceau : la poussette est une aberration qui rend l'enfant passif. Ensuite, à l'école où les enfants doivent rester assis pendant des heures : autre idiotie ! Enfin, le sport, dont vous êtes si fiers, n'est qu'un dressage pour obtenir des performances. Et je ne parle pas de l'image du corps en Occident : sali par le christianisme, il est devenu une apparence (mode, maquillage et publicité). Pourtant, votre corps est un temple…

Conclusion

Les accords toltèques sont des moyens simples et efficaces de progresser, de se développer et de s'ouvrir à une autre dimension de la vie.

Ces accords sont universels et sont présents sous des formes différentes dans quasiment toutes les religions : l'animisme et le chamanisme, mais aussi l'hindouisme et le védantisme, le bouddhisme, le taoïsme et le confucianisme, mais également le polythéisme gréco-romain et, enfin, les trois monothéismes (judaïsme, christianisme et islam)... sans parler de toutes les religions disparues... sans oublier toutes les voies spirituelles non officielles (la franc-maçonnerie...).

Ces accords sont intemporels : ils appartiennent à un fond commun de la sagesse humaine qui a traversé le temps et l'espace. Soit ils ont une origine commune (et dans ce cas, il semblerait judicieux de se pencher de plus près sur le chamanisme), soit ils font partie intégrante de notre psyché et ceux qui cherchent à progresser les retrouvent inévitablement sur leur chemin.

En tout état de cause, ces accords sont redécouverts aujourd'hui sous des formes différentes à travers des techniques de développement personnel très variées (nous n'en avons donné qu'un échantillon) :

la sémantique générale et la PNL, l'Analyse Transactionnelle et la Process com, l'hypnose éricksonienne et la sophrologie, le Rebirth et la respiration holotropique, les méthodes de Carl Rogers, de Thomas Gordon, de Jacques Salomé et bien d'autres techniques...

Ces accords sont des décisions, c'est-à-dire des actes de pouvoir qui créent et fixent une réalité (pour le meilleur et pour le pire) dans le présent et surtout dans l'avenir. D'où l'importance de clarifier et de trier vos propres accords passés en fonction d'un critère simple: l'efficacité. Cet accord vous rend-il heureux(se) ? Si oui, conservez-le, sinon changez-le et passez-en un autre.

L'accord de synthèse toltèque n'est pas celui qui sous-tend les autres (ce serait plutôt le quatrième), mais celui qui leur donne un sens. Comme la pointe de la pyramide unit et transcende les quatre directions de sa base, il réunit les autres pour leur donner une dynamique et un souffle. Ce souffle est nécessaire à tout apprenti (chaman) qui doit être un coureur de fond: il ne s'agit pas de réussir des « coups », mais d'entreprendre un voyage long, éprouvant et périlleux... pour l'ego !

Car quiconque s'est essayé un tant soit peu à l'art, ô combien difficile, de la sorcellerie, du dépassement de soi ou même du changement, sait que les bonnes résolutions finissent souvent dans les oubliettes du découragement. Il faut le dire: changer, changer sa vie, changer sa manière d'être, son attitude, ses habitudes, ses manies, ses pensées, ses croyances... cela est tout sauf aisé. En fait, c'est presque impossible. « Chassez le naturel, il revient au galop. » Un proverbe du yoga dit plus ou moins ceci: « Ce qui est difficile demande des années d'effort. Ce qui est impossible demande... un peu plus de temps. »

Dès lors, il vous faut un antidote à l'échec, aux rechutes, aux oublis, etc. Cet antidote, c'est la synthèse toltèque : **« Considère tout problème comme une expérience, une épreuve, un processus d'apprentissage et un projet. »**

Il est clair que la version « apprentissage » n'est pas plus vraie que la version « problème ». C'est juste une autre interprétation, un autre rêve, une autre vision de votre histoire. Pourquoi choisir celle-ci plutôt que l'autre, alors ? Tout simplement parce que la version « projet » vous redonne à la fois la main et l'espoir. C'est beaucoup et cela suffit pour changer votre vie. Il paraît qu'une journaliste américaine voulait connaître et divulguer le secret de Thomas Edison, cet inventeur hors du commun. Mais il ne savait que répondre. Dépitée, la journaliste s'apprêtait à repartir. Elle risqua une dernière question : « Mais comment avez-vous fait pour ne pas vous décourager, lorsque vous avez inventé l'ampoule électrique *(en découvrant le filament de tungstène après des centaines et des centaines d'essais différents)* ? » « C'est simple, répondit-il, je fais une expérience, puis une autre... »

Le chamanisme, la Toltequilla sont des voies spirituelles archaïques, des chemins initiatiques traditionnels. Or, curieusement, ces voies redeviennent à la mode et semblent attirer un public toujours plus nombreux... C'est sans doute le signe que, derrière le folklore (les plumes) et le pittoresque (le cactus hallucinogène), les gens perçoivent le message universel qu'elles contiennent. Quel est ce message ? C'est celui de toutes les religions et de toutes les spiritualités dignes de ce nom : **évoluer de l'ego à l'amour !**

Certaines religions et spiritualités privilégient le but, l'amour (comme la religion chrétienne). D'autres (comme le bouddhisme) insistent davantage sur le frein, l'ego : comment le dépasser ? Mais finalement, le **sens** reste le même. Pourquoi ? Parce que c'est **le sens de la vie**. D'ailleurs, même si vous refusez les religions, les initiations, les voies spirituelles et les maîtres, vous n'échapperez pas à ce « voyage » ou à ce « travail ». C'est le sens de la synthèse toltèque, le plus universel sans doute.

L'engouement des Occidentaux pour le chamanisme et la Toltequilla peut sembler paradoxal à un œil non averti : la religion scientifique domine le monde et gagne du terrain chaque jour (apparemment). Les Occidentaux ont passé un accord avec la science/la logique, la démocratie et le capitalisme. Le fondement de ce « pack » est l'ego : *« Cogito ergo sum »*, « Je pense donc je suis » (Descartes). En 1623, il fait « tabula rasa » de tous les acquis antérieurs, de toutes les vérités admises jusqu'alors et proclame la nouvelle religion scientifique dans son *Discours de la méthode* (qui faillit lui coûter la vie). Quel est son objectif ? « Se rendre comme maître et possesseur de la nature. » N'a-t-il pas réussi ? L'homme domine la nature comme jamais dans l'histoire de l'humanité. Est-il plus heureux pour autant ? Non.

C'est que cette philosophie, cette attitude « égoïque » a généré des pratiques (exploitation forcenée des ressources, pollutions, etc.) et elle nous a coupés de la nature et donc de nous-mêmes… Quel est le rêve de tous les citadins aujourd'hui ? Avoir sa maison de campagne avec un bout de jardin. Faut-il rappeler que l'Éden, ce Paradis perdu, est un **jardin** ?

Le taoïsme le répète depuis des milliers d'années : tout est équilibre, les forces s'équilibrent entre elles, même et surtout les forces opposées. C'est pourquoi les Occidentaux sont déséquilibrés et déséquilibrants pour les autres peuples. *Occido* signifie d'ailleurs en latin « tuer » ! C'est pourquoi, par un subtil retour de balancier, les Occidentaux sont les plus virulents (vogue de l'écologie) contre leur système, ce rêve de la planète qui a viré au cauchemar. Et c'est pourquoi, certaines prédictions anciennes disent que le salut de la Terre (qui est vivante) passera par le réveil des Occidentaux.

Mais il reste un verrou à faire sauter : la politique. Il ne s'agit pas de critiquer les politiciens accusés systématiquement de tous les maux de la société, car cette critique n'est que la conséquence du rêve de l'État providence et du mythe du Progrès. Il s'agit de la démocratie et des droits. Il ne s'agit pas de prôner un retour en arrière (c'est impossible), mais de constater que la mentalité des droits débouche sur une impasse : si tout le monde se cramponne sur ses acquis, alors les conflits sont inévitables entre les parents et les enfants, les patrons et les salariés, les professeurs et les élèves, les clients et les commerçants, mais aussi entre les communautés, les religions, les générations, etc. Cela semble malheureusement le cas aujourd'hui dans les pays occidentaux !

Les Français sont très fiers de leurs droits et de leurs acquis (qu'ils appellent des « avancées sociales ») et de leur devise : « Liberté, égalité, fraternité », héritée des Francs-maçons. Et c'est au nom de cette liberté qu'ils refusent tout ce qui ressemble de près ou de loin à un maître. La **devise réelle** des Occidentaux semble plutôt celle des anarchistes : « Ni Dieu ni maître ! » La guru-phobie va dans le même sens... Pourtant un maître est utile, voire indispensable : c'est précisément un rempart contre l'ego. Si vous n'en êtes pas convaincu(e), essayez de sortir de l'ego quand vous êtes pris(e) par lui : quand vous cherchez à avoir raison, quand vous êtes en colère, quand vous avez peur, quand vous culpabilisez, etc. C'est quasiment impossible... seul(e) !

Le maître, le guru, le nagual est celui qui vous protège de l'ego, vous oblige et vous permet de le dépasser (progressivement). Comment ? En vous faisant **vivre** des choses et non pas en vous imposant des croyances (vision occidentale). Le maître n'est pas un professeur, ni même un formateur, mais un guide, un allié (pas un ami) et sa mission consiste à trouver, à inventer des expériences « efficaces ». C'est en expérimentant que votre perception changera, que vous prendrez conscience et que votre ego diminuera.

La question, pour le maître, est évidemment de trouver ce qui va marcher avec son apprenti. Et là, on trouve deux types de réponses et d'exercices : des réponses collectives, valables pour tout le monde (et c'est essentiellement les religions) et des réponses individuelles (et c'est plutôt l'ésotérisme). Mais l'un n'empêche pas l'autre : Maisons de vie (écoles) de l'Égypte, école de Pythagore, etc. Ces exercices peuvent être – et sont souvent – surprenants, déroutants, voire délirants (George Gurdjieff, Osho Rajnesh...). C'est ce qui explique et justifie le secret (l'ésotérisme).

Une dernière chose : « **Ce qui compte dans la vie n'est pas ce que vous savez, mais ce que vous faites avec ce que vous savez.** » Qu'allez-vous faire maintenant ? Commencez dès maintenant, car l'instant présent est votre seule réalité. Et n'oubliez pas : « **Sur le chemin du changement, faire le premier pas, c'est la moitié du voyage** » (proverbe grec).

Alors bon voyage !

Les leçons de la vie (auteur inconnu)

1. Vous recevrez un corps. Que vous l'aimiez ou le détestiez, il sera vôtre pour la durée de votre séjour.

2. Vous apprendrez vos leçons. Vous étudiez à temps plein dans une école non officielle, appelée la vie. Chaque jour, vous pourrez y apprendre de nouvelles leçons, que vous apprécierez ou que vous trouverez stupides et sans intérêt.

3. L'erreur n'existe pas. Tout est leçon. La croissance se fait par essai et erreur, c'est une expérience continue. Les échecs font autant partie du processus que les réussites.

4. Vous répéterez vos leçons jusqu'à ce que vous les ayez apprises. Chaque leçon vous sera présentée sous des formes différentes, jusqu'à ce que vous la sachiez. Lorsque vous aurez appris votre leçon, vous passerez à la suivante.

5. Il n'y aura pas de « dernière leçon ». Il n'existe pas de partie de la vie qui ne contienne de leçon. Tant que vous vivrez, vous aurez des leçons à apprendre.

6. L'herbe n'est jamais plus verte de l'autre coté. Lorsque vous aurez franchi la clôture, vous apercevrez un autre pré que vous trouverez plus vert.

7. Les autres seront votre miroir. Tout ce que vous aimerez ou détesterez chez autrui sera le reflet de ce que vous aimez ou détestez en vous-même.

8. Vous seul(e) serez responsable de la façon dont vous mènerez votre vie. Vous aurez tous les outils et tous les matériaux nécessaires. Utilisez-les à bon escient.

9. Vos réponses se trouveront en vous. Vous posséderez la réponse à toutes les questions de la vie. Il vous suffira de regarder en vous, d'écouter et d'avoir confiance.

10. Vous oublierez tout ce que vous venez de lire...

L'arbre à souhaits

Un voyageur très fatigué s'assit à l'ombre d'un arbre sans se douter qu'il venait de trouver un arbre magique, « l'Arbre à réaliser tous les souhaits ».
Assis sur la terre dure, il pensa qu'il serait bien agréable de se retrouver dans un lit moelleux. Aussitôt, ce lit apparut à côté de lui. Étonné, l'homme s'y installa en disant que le comble du bonheur serait atteint si une jeune fille venait masser ses jambes percluses. La jeune fille apparut et le massa très agréablement. « J'ai faim, se dit l'homme, et manger en ce moment serait à coup sûr un délice. » Une table surgit, chargée de nourritures succulentes.
L'homme se régala. Il mangea et il but. La tête lui tournait un peu. Ses paupières, sous l'action du vin et de la fatigue, s'abaissaient. Il se laissa aller de tout son long sur le lit, en pensant encore aux merveilleux événements de cette journée extraordinaire.
« Je vais dormir une heure ou deux, se dit-il. Le pire serait qu'un tigre passe par ici pendant que je dors. » Un tigre surgit aussitôt et le dévora.

Vous avez tous en vous un Arbre à souhaits qui attend vos ordres. C'est votre esprit... Mais attention, il va aussi réaliser vos pensées négatives et vos peurs !

Bibliographie

Don Miguel Ruiz
Les quatre accords toltèques (Jouvence)
La maîtrise de l'amour (Jouvence)
Pratique de la voie toltèque (Jouvence)
Au-delà de la peur avec Mary Carroll Nelson (Jouvence)
S'ouvrir à l'amour et au bonheur (Jouvence)

Carlos Castaneda
L'herbe du diable et la petite fumée (Christian Bourgeois)
Voir, les enseignements d'un sorcier yaqui (Gallimard)
Histoires de pouvoir (Gallimard)
Le second anneau de pouvoir (Gallimard)
Le don de l'aigle (Gallimard)
Le feu du dedans (Gallimard)
La force du silence (Gallimard)
Le voyage à Ixtlan (Gallimard)
Le voyage définitif (Gallimard)
L'art de rêver (Éditions du Rocher)
La roue du temps (Éditions du Rocher)

Victor Sanchez
Les enseignements de Don Carlos (Éditions du Rocher)
Voyage au cœur du chamanisme mexicain (Éditions du Rocher)
La récapitulation chamanique : soigner son passé pour libérer son esprit (Éditions du Rocher)

Autres auteurs
Taisha Abelar, *Le passage des sorciers* (Seuil)
Luis Ansa, *Le quatrième royaume* (Édition du Relié)
Luis Ansa, *La nuit des chamans* (Édition du Relié)
Florinda Donner-Grau, *Les portes du rêve* (Éditions du Rocher)
Henri Gougaud, *Les sept plumes de l'aigle* (Seuil)
Lucy Harmer, *Apprivoisez votre animal totem* (Jouvence)
Michael Harner, *La voie spirituelle du chaman* (Albin Michel)
Aldous Huxley, *Les portes de la perception* (10/18)
Olga Kharitidi, *La chamane blanche* (Pocket)
Mario Mercier, *Chamanisme et chamans* (Dangles)
Mario Mercier, *Le monde magique des rêves* (Dangles)
Brandt Morgan, *La Marche de vision* (Jouvence)
Jeremy Narby, *Le serpent cosmique* (Georg)
Maud Séjournant, *Le cercle de vie* (Albin Michel)

De Patrice Ras aux Éditions Jouvence

Morphopsychologie : le visage miroir de la personnalité

DANS LA COLLECTION « CLIN D'ŒIL»

Psychologie pratique

La connaissance de soi
La morphopsychologie
La communication
La communication non verbale
La gestion des conflits
La relation homme-femme
La PNL
Le stress
L'art d'écouter
Une thérapie : pour qui, pour quoi ?
L'Analyse Transactionnelle
L'ennéagramme
L'intelligence émotionnelle
Les besoins psychologiques
Le changement

Travail

Le curriculum vitæ
L'entretien d'embauche
Faire soi-même son bilan de compétences

Les quatre accords toltèques

1. Que votre parole soit impeccable.
Parlez avec intégrité, ne dites que ce que vous pensez. N'utilisez pas la parole contre vous-même, ni pour médire sur autrui.

2. Ne réagissez à rien de façon personnelle.
Ce que les autres disent et font n'est qu'une projection de leur propre réalité, de leur rêve. Lorsque vous êtes immunisé contre cela, vous n'êtes plus victime de souffrances inutiles.

3. Ne faites aucune supposition.
Ayez le courage de poser des questions et d'exprimer vos vrais désirs. Communiquez clairement avec les autres pour éviter tristesse, malentendus et drames.

4. Faites toujours de votre mieux.
Votre « mieux » change d'instant en instant, quelles que soient les circonstances, faites simplement de votre mieux et vous éviterez de vous juger, de vous culpabiliser et d'avoir des regrets.

La maîtrise de l'amour

Apprendre l'art des relations

Don Miguel Ruiz

Don Miguel indique ici comment guérir nos blessures émotionnelles par le pardon, l'amour et la vérité. Par sa richesse en histoires et allégories, ce livre s'adresse au mental, touche le cœur et la conscience profonde. Nul doute, la maîtrise de l'amour est la plus grande sagesse toltèque !

160 pages – Prix : 14,50 euros / 25 CHF

Au-delà de la peur

Les clés de la sagesse toltèque

Mary Carroll Nelson,
d'après les enseignements de Don Miguel Ruiz

Pour mettre en pratique les quatre accords toltèques et parvenir à la maîtrise de l'amour, il faut surpasser la peur. Elle est responsable des accords négatifs que nous concluons dans notre vie. Apprenez à la remplacer par de la joie !

288 pages – Prix : 19 euros / 34 CHF

Patrice Ras aux Éditions Jouvence

Dépôt légal : mai 2010
IMPRIMÉ EN FRANCE

Achevé d'imprimer le 3 mai 2010
sur les presses de l'imprimerie « La Source d'Or »
63039 Clermont-Ferrand
Imprimeur n° 14763

*Dans le cadre de sa politique de développement durable,
La Source d'Or a été référencée IMPRIM'VERT®
par son organisme consulaire de tutelle.
Cette marque a été attribuée à l'issue d'un programme d'investissements
et d'un audit garantissant la totale récupération des déchets
à des fins de recyclage.
Cet ouvrage est imprimé - pour l'intérieur -
sur papier bouffant "Munken Print White" 90 g
des papeteries Arctic Paper, dont les usines ont obtenu
les certifications environnementales ISO 14001 et E.M.A.S.*